四部要籍選刊·經部

蔣鵬翔 主編

阮刻儀禮注疏

六

〔清〕阮元 校刻

浙江大學出版社

本册目録

儀禮疏卷第三十四

唐朝散大夫行大學博士弘文館學士臣賈公彥等撰

朋友皆在他邦袒免歸則已

謂服無親者當爲之主每至袒時則袒袒則去冠代之以免舊說云。以爲免象冠廣一寸已猶止也歸有主則止也主若幼少則未止小記曰大功者主人之喪有三年者則必爲之再祭朋友虞祔而已。

疏○注謂服至而已○釋曰謂同門曰朋同志曰友或共遊學皆在他國而死者每至可袒之節則爲之袒而免與宗族五世袒免同云歸則已者謂在他國袒免爲死者無主歸至家自有主則止不爲袒免也鄭云謂服無親者當爲之主者以其有親入五服今言朋友故知是義合之輕無親者也既孤在外明爲之作主可知云每至袒時則袒者凡喪至小斂節主人素冠環絰以視斂訖投冠括髮將括髮先袒乃括髮括髮據正主人齊衰已下皆以免代冠以冠不居肉袒之禮故也云舊說云。以爲免象冠廣一寸者鄭注士喪禮云免之制未聞舊說以爲如冠狀廣一寸引喪服小記曰齊衰括髮以麻免而以布此用麻布爲之狀如今之著幓頭矣自項中而前反於項上卻繞紒也是著免之義也云歸有主則止也主若幼少則未止者本以在外爲無主與之爲主今至家主若幼少不能爲主則朋友猶爲之主未止引小記者證主幼少不能主喪朋友爲主之義以雖有子是三年之人小不能爲主大功爲主者爲之再祭謂練祥朋友輕爲之虞祔而已以其又無大功已下之親此朋友自外來及在家朋友皆得爲主虞祔無乃去彼鄭注以義推之又云小功緦麻爲之練祭可也是親疏差降之法也

朋友麻

朋友雖無親有同道之恩相爲服緦之經帶檀弓曰羣居則經出則否其服弔服也周禮曰凡弔當事則弁經服弁經者如爵弁而素加環經也其服有三錫衰也緦衰也疑衰也王爲三公六卿錫衰爲諸侯緦衰爲大夫士疑衰諸侯卿大夫亦以錫衰爲弔服當事乃弁經否則皮弁辟天子也士以緦衰爲喪服其弔服則疑衰也舊說以爲士弔服布上素下或曰素委貌冠加朝服論語曰緇衣羔裘又曰羔裘玄冠不以弔何朝服之有乎然則二者皆有似也此實疑衰也其弁經皮弁之時則如卿大夫然又改其裳以素辟諸侯也朋友之相○爲服即士弔服疑衰素裳庶人不爵弁則其弔服素冠委貌

疏 ○注朋友至委貌○釋曰云朋友麻者上文據在他國加袒免今此在國相爲弔服麻經帶而已注云朋友雖無親有同道之

恩相爲服緦之絰帶者案禮記禮運云人其父生而師教之朋友成之又學記云獨學而無友則孤陋而寡聞論語云以文會友以友輔仁以此而言人須朋友而成也故云朋友雖無親有同道之恩故爲之服知緦之絰帶者以其緦是五服之輕爲朋友之絰帶約與之等故云緦之絰帶也云檀弓曰羣居則絰出則否者彼注羣謂七十二弟子相爲朋友彼亦是朋友相爲之法云居則絰謂在家居止則爲之絰出家行道則否引之者證此亦然也彼又云孔子之喪二三子皆絰而出是爲師出行亦絰也云其服弔服也者以其不在五服五服之外唯有弔服故即引周禮弔服之等也周禮者司服職文彼云凡弔事弁絰服鄭注亦云弁絰者如爵弁而素加環絰也言爵弁者制如冕以木爲中幹廣八寸長尺六寸前低一寸二分以三升布上玄下纁爵弁之體廣長亦然亦以三升布但染作爵頭色赤多黑少之色置之於版上今則以素爲之又加環絰者一股麻爲骨又以一股麻爲繩纏之如環然謂之環絰加於素弁之上彼注云絰大如緦之絰是弔服之絰但此文云朋友麻鄭引周禮王弔諸臣之絰及三衰證此者以其王於諸臣諸侯於諸臣皆有朋友之義故泰誓武王謂諸侯云我友邦家君是謂諸侯爲友洛誥周公謂武王云孺子其朋是王以諸臣爲朋諸侯於臣亦有朋友之

義可知故引周禮弁經與三衰證此朋友麻也若然弁經唯一衰則有三則一弁冠三衰也云其服有三錫衰也緦麻○也疑衰也者案彼云王爲三公六卿錫衰爲諸侯緦衰爲大夫士疑衰鄭司農云錫麻之滑易者也十五升去其半有事其布無事其縷緦亦十五升去其半有事其縷無事其布疑衰十四升玄謂無事其縷哀在內無○事其布哀在外疑之言擬也擬於吉者也云諸侯及卿大夫亦以錫衰爲弔服當事乃弁經否則皮弁辟天子也者案禮記服問云公爲卿大夫錫衰以居出亦如之當事則弁經大夫相爲亦然爲其妻往則服之出則否注云出謂以他事不至喪所是諸侯及卿大夫亦以錫衰爲弔服也天子常弁經諸侯卿大夫當事大斂小斂及殯時乃弁經非此時則皮弁是辟天子也云士以緦衰爲喪服者士卑無降服是以緦爲喪服既以緦爲喪服不得復將緦爲弔服故向下取疑衰爲弔服也舊說者以士弔服無文故舊說云以爲士弔服布上素下云或曰素委貌冠加朝服者前有此二種解者故鄭引論語破之云論語曰緇衣羔裘言此者欲解緇衣羔裘與下羔裘玄冠爲一物並是朝服是以云又曰羔裘玄冠不以弔何朝服之有乎此破舊以言朝服不合首加素委貌又布上素下近○是○天子之朝服又不言首所加故非之也云然則二者皆有似也者以其未小

斂已前容有著朝服弔法則子游曾子弔是也但非正弔法之服又布上素下近士之弔服素下故云二者皆有似也云此實疑衰也者摠破二者也云弁絰皮弁之時則如卿大夫然者以其三衰共有弁絰當事著皮弁亦同故知二者如卿大夫然也云又改其裳以素辟諸侯也者諸侯及卿大夫否則皮弁辟天子此諸侯之士不著疑裳而用素又辟諸侯也云朋友之相爲服即士弔服疑衰素裳者是鄭正解士之弔服云庶人不爵弁者則其冠素委貌不言其服則白布深衣以白布深衣庶人之常服又尊卑始死未成服已前服之故庶人得爲弔服也向來所釋皆據鄭君所引而言案司服諸侯如王之服言之鄭則諸侯皆如王亦有三衰服問直云君弔用錫衰未辨緦衰疑衰所施用案文王世子注云君雖不服臣卿大夫死則皮弁錫衰以居往弔當事則弁絰於士蓋疑衰同姓則緦衰若然案士喪禮君若有賜焉則視斂注云賜恩惠也斂大斂君視大斂皮弁服襲裘主人成服之後往則錫衰此注又與文王世子違者士喪禮既言有恩惠則君與此士有師友之恩特加與卿大夫同其諸侯卿大夫則有錫衰士唯疑衰其天子卿大夫士既執摯與諸侯之臣同則弔服亦同也天子孤與卿同六命又亦名爲卿諸侯孤雖四命與卿異及其聘之介數與卿降君二等等同則孤弔服皆

與卿同也天子三公與王子母弟得稱諸侯其弔服亦與畿外諸侯同三衰也凡弔服直云素弁環絰不言帶或有解云有絰無帶但弔服既著衰首有絰不可著吉時之大帶吉時之大帶既有采矣麻既不加于采采可得加於凶服乎明不可也案此經注服緦之絰帶則三衰絰帶同有可知其以三衰所用皆是朋友故知凡弔皆有帶矣首言環絰則其帶未必如環但亦五分去一為帶糾之矣其弔服除之案雜記云君於卿大夫比葬不食肉比卒哭不舉樂是知未吉則凡弔服亦當依氣節而除並與緦麻同三月除之矣為士雖比殯不舉樂其服亦當既葬除矣

君之所為兄弟服室老降一等公士大夫之君【疏】○注公士至之君○釋曰天子諸侯絕朞今言為兄弟服明是公士大夫之君於旁親降一等者室老家相降一等不言士士邑宰遠臣不從服若然室老似正君近臣故從君所服也

夫之所為兄弟服妻降一等庶子為後者為其外祖父母從母舅無服不為後如邦人【疏】○釋曰妻從夫服其族親即上經夫之諸祖父母見於緦麻章夫之世叔見於大功章大

之昆弟之子不降嫂叔又無服今言從夫降一等記其不見者當是夫之從母之類乎云庶子爲後者爲其外祖父母從母舅無服者以其與尊者爲一體旣不得服所出母是以母黨皆不服之不言兄弟而顯尊親之名者雷氏云爲父後者服其本族若言兄弟恐本族亦無服故況著其尊親之號以别於族人也

宗子孤爲殤大功衰小功衰皆三月親則月筭如邦人

言孤有不孤者不孤則族人不爲殤服服之也不孤謂父有廢疾若年七十而老子代主宗事者也孤爲殤長殤中殤大功衰下殤小功衰皆如殤服而三月謂與宗子絶屬者也親謂在五屬之內等數也月數如邦人者與宗子有期之親者成人服之齊衰期長殤大功衰九月中殤大功衰七月下殤小功衰五月有大功之親者成人服之齊衰三月卒哭受以大功衰九月其長殤中殤大功衰五月下殤小功衰三月有小功之親者成人服之齊衰三月卒哭受以小功衰五月其殤與絶屬者同有緦麻之親者成人及殤皆與絶屬者同

疏 ○注言孤至者同○釋曰宗子謂繼别爲大宗百世不遷收族者也云孤爲殤者謂無父未冠而死者也云大功衰小功衰者以其成人齊衰故長殤中殤皆在大功衰下殤在小功衰也云

皆三月者以其衰雖降月本三月法一時不可更服故還依本三月也云親則月筭如邦人者上三月者是絕屬者若在五屬之內親者月數當依本親爲限故云如邦人也注云言孤有不孤者鄭以記文云孤明對不孤者故曲禮注云是謂宗子不孤彼不孤對此孤也云不孤則族人不爲殤服服之也者以父在猶如周之道有適子無適孫以其父在爲適子則不爲適孫服同於庶孫明此本無服父在亦不爲之服殤可知也云不孤謂父有廢疾者案喪服小記云適婦不爲舅後者則姑爲之小功注云謂夫有廢疾他故若死而無子不受重者是子不孤謂父有廢疾不立其子代父主宗事云若年七十而老子代主宗事者案曲禮云七十曰老而傳注云傳家事任子孫是謂宗子不孤是父年七十子代主宗事者云與宗子有期之親者成人服之齊衰期者謂宗子親昆弟及伯叔昆弟之子姑姊妹在室之等皆是也自大功親以下盡小功親以上成人月數雖依本皆服齊衰者以其絕屬者猶齊衰三月明親者無問大功小功緦麻皆齊衰者也既皆齊衰故三月既葬受服乃始受以大功小功齊衰也至於小功親已下殤與絕屬者同者以其成人小功五月殤即入三月是以與絕屬者同皆大功衰小功衰三月故與絕屬者同也云有緦麻之親者成人及殤皆與絕屬者同者以其絕屬

者爲宗子齊衰三月緦麻親亦三月是以成人及殤死皆與絕屬者同也

改葬緦謂墳墓以他故崩壞將亡失尸柩也言改葬者明棺物毀敗改設之如葬時也其奠如大斂從廟之廟從墓之墓禮宜同也服緦者臣爲君也子爲父也妻爲夫也必服緦者親見尸柩不可以無服緦三月而除之

疏○注謂墳至除之○釋曰云謂墳墓以他故崩壞將亡失尸柩者也者鄭解改葬之意云他遭水潦漂蕩之等墳墓崩壞將亡失尸柩故須別處改葬也云改葬者明棺物毀敗改設之如葬時也者直言棺物毀敗而改設不言依服則所設者唯此棺如葬時也云其奠如大斂者案既夕記朝廟至廟中更設遷祖奠云如大斂奠即此移柩向新葬之處所設之奠亦如大斂之奠士用豚三鼎則大夫已上更加牲牢大夫用特牲諸侯用少牢天子用大牢可知云從廟之廟從墓之墓禮宜同也者即設奠之禮朝廟是也又朝廟載柩之時士用軝軸大夫已上用輴不用蜃車飾以帷荒則此從墓之墓亦與朝廟同可知故云禮宜同也云服緦者臣爲君也子爲父也妻爲夫也知者若更言餘服無妨更及齊衰已下今直言緦之輕服明知唯據極重而言故以三等也不言妾爲君以不得體君差輕故也不言女子子嫁人外成在家又非常故亦不得言諸侯爲天子諸侯在畿

外差遠改葬不來故亦不言也云必服緦者親見尸柩不可以無服者君親死已多時哀殺已久可以無服但親見君父尸柩暫時之痛不可不制服以表哀故皆服緦也故云三月而除者謂葬時服之及其除也亦法天道一時故亦三月除也若然鄭言三等舉痛極者而言父爲長子子爲母亦與此同也

童子唯當室緦童子未冠之稱也當室者爲父後承家事者爲家主與族人爲禮於有親者雖恩不至不可以無服也

疏○注童子至服也○釋曰此云當室者周禮謂之門子與宗室往來故爲族人有緦服云童子未冠之稱者謂十九已下案內則年二十敦行孝弟十九已下未能敦行孝弟非當室則無緦麻以當室故服緦也云當室者爲父後承家事者以其言當室是代父當家事故云爲家主與族人爲禮於有親者則族內四緦麻以來皆是也云雖恩不至不可以無服也者以其童子未能敦行孝弟故云恩不至與族爲禮而爲服故服之也若然不在緦章者若在緦章則外內俱報此當室童子直與族人爲禮有此服不及外親故不在緦章而在此記也

傳曰不當室則無緦服也

疏○釋曰記自云唯當室緦自然不當室則無緦服而傳言之者案曲禮云孤子當室冠衣不純采但

是孤子皆不純以采由禮言之者嫌當室與不當室
異故言之此傳恐不當室與當室者同故明之也○

凡妾為私兄弟如邦人

嫌厭降之也私兄弟自其族親也
然則女君有以尊降其兄弟者謂
士之女為大夫妻大夫之女為諸侯夫人諸侯之女為
天王后也父卒昆弟之為父後者宗子亦不敢降也

疏

○注嫌厭至降也○釋曰妾言凡者摠天子以下至士故凡
以該之也云嫌厭降之也者解記此之意君與女君不厭妾
故云嫌厭之其實不厭故記人明之云私兄弟自其族親也
者以其兄弟揔外內之稱若言私兄弟則妾家族親也云然
則女君有以尊降其兄弟者以其女君與君體敵故得降其
兄弟旁親云旁親之等子尊不加父母唯不降父母則可降其兄弟
旁親云謂士之女為大夫妻大夫之女為諸侯夫人諸侯之
女為天王后者此等皆得降其兄弟旁親也云父卒昆弟之
為父後者宗子亦不敢降也者雖得降其兄弟此為
父後者不得降容有歸宗之義歸於此家故不降

大夫弔於命婦錫衰命婦弔於大夫亦錫衰

弔於命婦命婦
死也弔於大夫大夫死也小記曰諸侯弔必皮弁錫衰服問
曰公為卿大夫錫衰以居出亦如之當事則弁絰大夫相為

亦然爲其妻往則服之出則否疏○注弔於至則否○釋曰云弔於命婦命婦死也者鄭恐以記云大夫弔命婦
者以爲大夫死其妻受弔於命婦故云命婦死也知不弔命
婦爲命婦夫死者以其記人作文宜先弔大夫身然後弔其
婦故以命婦死弔其夫解之也引小記者以記人直言身上
衰不言首服故引小記也言諸侯弔必皮弁者言諸侯不言
君謂諸侯因朝弔異國之臣著皮弁錫衰雖成服後亦不弁
經也引服問者有已君弁有卿大夫與命婦相弔法云以居
者君在家服之出亦如之出行不至喪所亦服之云當事則
弁經者謂當大小斂及殯皆弁經也云大夫相爲亦然者一
與君爲卿大夫同爲其妻降于大夫出則否
引之者證大夫與命婦相弔服錫衰同也

傳曰錫者何也麻之有錫者也錫者十五升抽其半無事其縷有事其布曰錫謂之錫者治其布使之滑易也不錫者不治其縷哀在內也緦者不治其布哀在外君及卿大夫弔士雖當事皮弁錫衰而已士之相弔則如朋友服疑衰素裳凡婦人相弔吉笄無首素總疏○注謂之至素總○釋曰問者先問其名荅云麻之有錫者也荅以名錫之意但言麻者以麻表布

之縷也又云錫者十五升抽其半者以其縷之多少與緦同云無事其縷有事其布者事猶治也謂不治其縷治其布以哀在内故也緦則治縷不治布哀在外以其王爲三公六卿重於緦外諸侯故也鄭云謂之錫者治其布使之滑易以治解事以滑易解錫謂使錫錫然滑易也云君及卿大夫弔士雖當事皮弁錫衰而已者是士輕無服弁絰之禮有事無事皆皮弁衰而已見其不足之意也若然文王世子注諸侯爲異姓之士疑衰同姓之士緦衰今言士與大夫又同錫衰者此言與士喪禮注同亦是君於此士有師友之恩者也云士之相弔則如朋友服矣者朋友麻是朋友服也上注士弔服用疑衰素裳䍐首服麻弔亦朋友服也云凡婦人相弔吉笄無首素緦者上文命婦弔於大夫錫衰未解首服至此乃解之者婦人弔之首服無文故特傳釋錫衰後下近婦人吉笄無首布緦乃解之必知用吉笄無首素緦者下文女子子爲父母卒哭折吉笄之首布緦此弔服用吉笄無首素緦又男子冠婦人笄相對婦人喪服又笄緦相對上注男子弔用素冠故知婦人弔亦吉笄無首素緦也

女子子適人者爲其父母婦爲舅姑惡笄有首以髽卒哭子折笄首以笄布

總言以髽則髽有著笄者明矣疏○注言以至明矣○釋曰此二者皆期服但婦人以飾事人是以雖居喪內不可頓去脩容故使惡笄而有首至卒哭女子子哀殺歸於夫氏故折吉笄之首而著布總也案斬衰章吉笄尺二寸斬衰以箭笄長尺檀弓齊衰笄亦云尺則齊衰已下皆尺與斬同一尺不可更變故折吉笄首而已其總斬衰已六升長六寸鄭注總六升象冠數則齊衰總亦象冠數正服齊衰冠八升則正齊衰總亦八升是以總長八寸笄總與斬衰長短爲差但笄不可更變折其首總可更變宜從大功總十升之布總也言以髽者則髽有著笄明矣鄭言此者舊有人解喪服小記云男子免而婦人髽免而無笄則髽亦無笄矣但免髽自相對不得以婦人與男子有笄無笄相對故鄭以經云惡笄有首以髽髽笄連言則髽有著笄明矣

傳曰笄有首者惡笄之有首也惡笄者櫛笄也折笄首者折吉笄之首也吉笄者象笄也何以言子折笄首而不言婦終之也櫛笄者以櫛之木爲笄或曰榛笄有首者若今時刻鏤摘頭矣卒哭而喪之大事畢女子

子可以歸於夫家而著吉笄吉笄尊變其尊者婦人之義也折其首者爲其大飾也據在夫家宜言婦終之者終子道於父母之恩

【疏】○注櫛笄至之恩○釋曰案記自云惡笄之有首也即惡笄自有首明矣而傳更云笄有首重言之者但惡者直木理麤惡非木之名若然斬衰笄用箭齊衰用櫛俱是惡傳恐名通於箭故重疊言之名不通於箭直謂此齊衰櫛木爲惡木也又云惡笄者櫛笄也者既疊不通箭乃釋木名故云櫛木之笄也云折笄首者折吉笄之首也者以記折笄首文承惡笄之下恐折惡笄之首故傳辨之以折首去飾不可以初喪重時有首至卒哭哀殺之後乃更去首應輕更重於義不可故傳以爲初死惡笄有首至卒哭更著吉笄嫌其大飾乃折去首而著之也又云吉笄者象笄也者傳明吉時之笄以象骨爲之據大夫士而言案弁師天子諸侯笄皆玉也鄭云櫛笄者以櫛之木爲笄者此櫛亦非木名案玉藻云沐櫛用樿櫛髮晞用象櫛鄭云樿白理木爲櫛即梳也以白理木爲梳櫛也彼樿木與象櫛相對此櫛笄與象笄相對故鄭云櫛笄者以櫛之木爲笄云或曰榛笄者案檀弓云南宮縚之妻之姑之喪夫子誨之髽曰爾毋從從爾爾毋扈扈爾蓋榛以爲笄長尺而總八寸彼爲姑用榛木爲笄此亦婦人爲姑與彼同但此用樿木彼用櫛○木不同耳蓋二

木俱用故鄭兩存之也云笄有首者若今刻鏤摘頭矣鄭時摘頭之物刻鏤爲之此笄亦在頭而去首爲大飾明首亦刻鏤之故舉漢法況之也云卒哭而喪之大事畢女子子可以歸於夫家者但以出適女子與在家婦俱著惡笄婦不言卒哭折吉笄首女子子即言折吉笄之首明女子子有所爲故獨折笄首耳所爲者以女子外成既以哀殺事人可以加容故著吉笄仍爲大飾折去其首故以歸於夫家解之若然喪大記云女子子既練而歸與此注違者彼小祥歸是其正法此歸者容有故許之歸故云可以權許之耳云吉笄尊變其尊者婦人之義也婦人之事人不可頓凶居喪不可盡飾故著吉笄又折笄首是婦人事人之義異於男子也若然案服問云男子重首婦人重要此云笄尊者彼男女相對故云婦人重要若婦人不同對男子然亦是上體尊於下體故云笄尊也云據在夫家宜言婦者傳解記文女子適人猶云子折笄首云終之者終子道於父母之恩者子對父母生稱父對舅姑立名出適應稱婦故雖出適猶稱子終初未出適之恩也

妾爲女君君之長子惡笄有首布總

疏○釋曰妾爲女君之服得與女君同爲長子亦三年但爲情輕故與上文婦事舅姑齊衰同惡笄有首布總也

凡衰

外削幅裳內削幅幅三袧削猶殺也大古冠布衣布先知爲上外殺其幅以便體也後知爲下內殺其幅稍有飾也後世聖人易之以此爲喪服袧者謂辟兩側空中央也祭服朝服辟積無數凡裳前三幅後四幅也〔疏〕○注削猶至幅也○釋曰自此已下盡袪尺二寸記人記衰裳之制用布多少尺寸之數也云凡者總五服而言故云凡以該之云衰外削幅者謂縫之邊幅向外裳內削幅者亦謂縫之邊幅向內云幅三袧者據裳而言爲裳之法前三幅後四幅幅皆三辟攝之以其七幅布幅二尺二寸幅皆兩畔各去一寸爲削幅則二七十四尺若不辟積其膂中則束身不得就故須辟積其膂中也膂中廣狹在人麤細故袧之辟攝亦不言寸數多少但幅別以三爲限耳鄭云大古冠布衣布者案禮記郊特牲云大古冠布齊則緇之鄭注云唐虞以上曰大古也是大古冠布衣布也云先知爲上外殺其幅以便體也後知爲下內殺其幅稍有飾也者此亦唐虞已上黃帝已下故禮運云未有麻絲衣其羽皮謂黃帝已前下文云後聖有作治其絲麻以爲布帛後聖謂黃帝是黃帝始有布帛是時先知爲上後知爲下便體者邊幅向外於體便有飾者邊幅向內觀之美也云後世聖人易之以此爲喪服者又案郊特牲云緇布冠冠而敝之

可也注此重古而冠之耳三代改制齊冠不復用也以白布冠質以爲喪冠也以此言之唐虞以下冠衣皆白布吉凶同齊則緇之鬼神尚幽闇三代改制者更制牟追章甫委貌爲行道朝服之冠緇布冠三代將爲始冠之冠白布冠質三代爲喪冠也若然此後世聖人指夏禹身也以其三代最先故也云袧者謂辟兩側空中央也者案曲禮以脯脩置者左朐右末鄭云屈中云朐則此言袧者亦是屈中之稱一幅凡三處屈之辟兩邊相著自然中央空矣幅別皆然也云祭服朝服辟積無數者朝服謂諸侯與其臣以玄冠服爲朝服天子與其臣以皮弁服爲朝服祭服者六冕與爵弁爲祭服不云玄端亦是士家祭服中兼之凡服唯深衣長衣之等六幅破爲十二幅狹頭向上不須辟積其實脊閒已外皆辟積無數似喪冠三辟積吉冠辟積無數也然凡裳前三幅後四幅者前爲陽後爲陰故前三後四各象陰陽也唯深衣之等連衣裳十二幅以象十二月也

若齊裳内衰外

齊緝也凡五服之衰一斬四緝緝裳者内展之緝衰者外展之

疏○注齊緝至展之○釋曰據上齊斬五章有一斬四齊此據四齊而言不一斬者上文已論五服衰裳縫之外内斬衰裳亦在其中此據衰裳之下緝之用針功者斬衰不齊無針功故不言也若言者不定辭以其上有斬

不齊故云若也言裳内衰外者上言衰外削幅此齊還向外展之上言裳内削幅此齊還向内展之並順上外内而緝之此先言裳者凡齊據下裳而縫之裳在下故先言裳順上下也鄭云齊緝也者據上傳而言之也云凡五服之衰一斬四緝者謂齊衰至緦麻並齊齊既有針功緦之名則沒去齊名亦齊可知也言展之者若今亦先展訖乃行針功者也

負廣出於適寸　負在背上者也適辟領也負出於辟領外旁一寸

疏○注負在至一寸○釋曰以一方布置於背上上畔縫著領下畔垂放之以在背上故得負名適辟領即下文適也出於辟領外旁一寸揔尺八寸也

適博四寸出於衰　博廣也辟領廣四寸則與闊中八寸也兩之爲尺六寸也出於衰者旁出衰外不著寸數者可知也

疏○注博廣至知也○釋曰此辟領廣四寸據兩相而言云出於衰者謂比胷前衰而言出也云博廣也者若言博博是寬狹之稱上下兩旁俱名爲博若言廣則唯據橫闊而言今此適四寸據橫故博爲廣見此義焉云辟領廣四寸者據項之兩相向外各廣四寸云則與闊中八寸也者謂兩身當縫中央揔闊八寸一邊有四寸并辟領四寸爲八寸云兩之爲尺六寸也者一相闊與辟領八寸故兩之揔一尺六寸云出於衰者旁

出衰外者以兩旁辟領向前望衰之外也云不著寸數者可知也者以衰廣四寸辟領橫廣摠尺六寸除中央四寸當衰衰外兩旁各出衰六寸故云不著寸數可知也

衰長六寸博四寸

廣袤四寸也前有衰後有負板左右有辟領孝子哀戚無所不在

疏○注廣袤至不在○釋曰袤長也據上下而言也綴於外衿之上故得廣長當心云前有衰後有負板者謂負廣出於適寸及衰長六寸博四寸云左右有辟領者謂左右各四寸云孝子哀戚無所不在者以衰之言摧孝子有哀摧之志負在背上者荷負其悲哀在背也云適者以哀戚之情指適緣於父母不兼念餘事是其四處皆有悲痛是無所不在也

衣帶下尺

衣帶下尺者要也廣尺足以掩裳上際也

疏○注衣帶至際也○釋曰謂衣䙅也云衣者即衰也但衰是當心廣四寸者取其哀摧在於偏體故衣一名為衰今此云據在上曰衣舉其實稱云帶者此謂帶衣之帶非大帶革帶者也云衣帶下尺者據上下闊一尺若橫而言之不著尺寸者人有麤細取足為限也云足以掩裳上際也者若無䙅則衣與裳之交際之間露見表衣有䙅則不露見故云掩裳上際也言上際者對兩旁有衽掩旁兩廂下際也

衽二尺有五寸

衽所以掩裳際

也二尺五寸與有司紳齊也上正一尺燕尾二尺五寸凡用布三尺五寸【疏】〇注衽所至五寸〇釋曰云掩裳際也者對上署而言此掩裳兩廂下際不合處也云二尺五寸與有司紳齊也者玉藻文案彼士已上大帶垂之皆三尺又云有司二尺有五寸謂府史紳即大帶也紳重也屈而重故曰紳此但垂之二尺五寸故曰與有司紳齊也云上正一尺者取布三尺五寸廣一幅留上一尺爲正正者正方不破之言也一尺之下從一畔旁入六寸乃向下邪向下一畔一尺五寸去下畔亦六寸橫斷之留下一尺爲正如是則用布三尺五寸得兩條衽衽各二尺五寸兩條共用布三尺五寸也然後兩旁皆綴於衣垂之向下掩裳際此謂男子之服婦人則無以其婦人之服連衣裳故鄭上斬章注云婦人之服如深衣則衰無帶下又無衽是也

袂屬幅 屬猶連也連幅謂不削【疏】〇注屬猶至不削〇釋曰屬幅者謂整幅二尺二寸凡用布爲衣物及射侯皆去邊幅一寸爲縫殺今此屬連其幅則不削去其邊幅取整幅爲袂必不削幅者欲取與下文衣二尺二寸同縱橫皆二尺二寸正方者也故深衣云袂中可以運肘二尺二寸亦足以運肘也

衣二尺有二寸 此謂袂中也言衣者明與身參齊二尺二寸其袖足以容中人之肱也衣自領

至要二尺二寸倍之四尺四寸加辟領八寸而又倍之凡衣用布一丈四寸。。

疏〇注此謂至四寸〇釋曰云此謂袂中也者上云袂據從身向袪而言此衣據從上向掖下而言云言衣者明與身參齊者袂所以連衣爲之衣即身也兩旁袂與中央身揔三事下與畔皆等故變袂言衣欲見袂與衣齊參也故云與身參齊云二尺二寸其袖足以容中人之肱也者案深衣云袂中可以運肘鄭注云肘不能不出入彼云肘此云肱也凡手足之度鄭皆據中人爲法故云中人也云衣自領已下云云者鄭欲計衣之用布多少之數自領至要皆二尺二寸者衣身有前後今且據一相而言故云衣二尺二寸倍之爲四尺四寸揔前後計之故云倍之爲四尺四寸也云加闊中八寸者闊中謂闊去中央安項處當縫兩相揔闊去八寸若去一相正去四寸若前後據長而言則一相各長八寸通前兩身四尺四寸揔五尺二寸也云而又倍之者更以一相五尺二寸并計之故云又倍之云凡衣用布一丈四寸者此唯計身不計袂與袪及負衽之等者彼當丈尺寸自見又有不全幅者故皆不言也

袪尺二寸

袪袖口也尺二寸足以容中人之併兩手也吉時拱尚左手喪時拱尚右手

疏〇注袪袖至右手〇釋曰云袪袖口也者則袂末接袪者也云尺二寸者據複

攝而言圍之則二尺四寸與與深衣之袂同故云尺二寸足以容中人之併兩手也吉時拱尚左手喪時拱尚右手者案檀弓云孔子與門人立拱而尚右二三子亦皆尚右孔子曰我則有姊之喪故也二三子皆尚左鄭云復正也喪尚右右陰也吉尚左左陽也是其吉時拱尚左喪時拱尚右也以袂橫旣與深衣尺二寸旣據橫而言不言緣之深淺尺寸者同故緣口深淺亦與深衣同寸半可知故記人畧不言也。

衰三升三升有半其冠六升以其冠爲受受冠七升

衰斬衰也或曰三升半者義服也其冠六升齊衰之下也斬衰正服變而受之此服也三升三升半其受冠皆同以服至尊宜少差也

【疏】○注衰斬至差也○釋曰自此至篇末皆論衰冠升數多少也以其正經言斬與齊衰及大功小功緦麻之等並不言布之升數多少故記之也云衰三升三升有半其冠六升者衰異冠同者以其三升半謂縷如三升半成布還三升故其冠同六升也云以其冠爲受受冠七升者據至虞變麻服葛時更以初死之冠六升布爲衰更以七升布爲冠以其葬後哀殺衰冠亦隨而變輕故也云衰斬衰也者揔二衰皆在斬衰章也云或曰三升半者義服也者以其斬章有正義子爲父父爲長子妻爲

夫之等是正斬云諸侯爲天子臣爲君之等是義斬此三升半者是義服但無正文故引或人所解爲證也上章子夏傳亦直云衰三升冠六升亦據正斬而言不言義服者欲見義服成布同三升故也云六升齊衰之下也者齊衰之降服四升正服五升義服六升以其六升是義服故云下也云斬衰正服變而受之此服也者下注云重者輕之故也云三升三升半其受冠者同以服至尊宜少差也者以父與君尊等恩情則別故恩深者三升恩淺者三升半成布還三升故云少差也

齊衰四升其冠七升以其冠爲受受冠八升

言受以大功之上也此謂爲母服也齊衰正服五升其冠八升義服六升其冠九升亦以其冠爲受凡不著之者服之首主於父母

疏

○注言受至父母○釋曰此據父卒爲母齊衰三年而言也云言受以大功之上也者以其降服大功衰七升正服大功衰八升故云大功之上云此謂爲母服也者據父卒爲母而言若父在爲母在正服齊衰前已解訖云齊衰正服五升其冠八升義服六升其冠九升亦以其冠爲受凡不著之者服之首主於父母者上斬言三升主於父此言四升主於母正服以下輕故不言從可知也

總衰四升有半其冠

八升此謂諸侯之大夫爲天子繐衰也服在小功之上者欲著其縷之精麤也升數在齊衰之中者不敢以兄弟之服服至尊也

疏○注此謂至尊也○釋曰云諸侯之大夫爲天子繐衰也者是正經文也云服在小功之上者欲著其縷之精麤也者據升數合在杖期上以其升數雖少以縷精麤與小功同不得在杖期上故在小功之上也云升數在齊衰之中者不敢以兄弟之服服至尊也者據縷如小功小功已下乃是兄弟故云不敢以兄弟之服服至尊至尊則天子是也

大功八升若九升小功十升若十一升此以小功受大功之差也不言七升者主於受服欲其文相值言服降而在大功者衰七升正服衰八升其冠皆十升義服九升升其冠十一升亦皆以其冠爲受也斬衰受之以下大功受之以正者重者輕之輕者從禮聖人之意然也其降而在小功者衰十升正服衰十一升義服衰十二升皆以即葛及緦麻無受也此大功不言受者其章既著之

疏○注此以至著之○釋曰云此以小功受大功之差也者以其小功大功俱有三等此唯各言二等故云此以小功受大功之差也以此二小功衰受二大功之冠爲衰以二大功初死冠還用二小功之衰故轉相受也云不言七升

者主於受服欲其文相值者以其七升乃是殤大功殤大功章云無受此主於受故不言七升者也云欲其文相值值者當也以其正大功衰八升冠十升與降服小功衰十升同既葬受衰十升冠十一升義服大功衰九升其冠十一升與正服小功衰同既葬以其冠爲受受衰十一升冠十二升初死冠皆與小功衰相當故云文相值也是冠衰之文相值云言服降而在大功者衰七升正服衰八升其冠皆十升義服九升其冠十一升亦皆以其冠爲受也鄭言此者既解爲文相值又覆解文相值之事若然降服既無受而亦覆言之者欲見大功正服與降服冠升數同之意必冠同者以其自一斬及四齊衰與降大功冠皆校衰三等及至正大功衰八升冠十升冠與降大功同上校二等者若不進正大功冠與降同則冠宜十一升義大功衰九升者冠宜十二升則小功緦麻冠衰同則降小功衰冠當十二升正服小功冠衰同十三升義服小功當冠衰十四升緦麻冠衰當十五升十五升即與朝服十五升同與吉無別故聖人之意進正大功冠與降大功同則緦麻不至十五升若然正服大功不進之使義服小功至十四升緦麻十五升抽其半豈不得爲緦乎然者皆使義服小功十四升則與疑衰同非五服之差故也又云斬衰受之以下大功受之以正者重者輕之輕者從禮聖人之意

然也者聖人之意重者恐至滅性故抑之受之以輕服義服齊衰六升是也輕者從禮者正大功八升冠十升既葬衰十升受以降服小功義服大功衰九升冠十一升既葬衰十一升受以正服小功二等大功皆不受以義服小功是從禮也是聖人有此抑揚之義也云其降而在小功者衰十升正服衰十一升義服衰十二升皆以即葛及緦麻無受者此鄭云皆以即葛及無受文出小功緦麻章以其小功因故衰唯變麻服葛爲異也其降服小功已下升數文出閒傳故彼云斬衰三升齊衰四升五升六升大功七升八升九升小功十升十一升十二升緦麻十五升去其半有事其縷無事其布曰緦此哀之發於衣服者也鄭注云此齊衰多二等大功小功多一等服主於受是極列衣服之差也鄭彼注顧此文校多少而言云服主於受據此文不言降服大功小功緦麻之受以其無受又不言正服義服齊衰者二者雖有受齊斬之受主於父母故亦不言若然此言十升十一升小功者爲大功之受而言非小功有受彼注云是極列衣服之差者據彼經揔言是極盡陳列於服之差降故其言之與此異也

儀禮疏卷第十一　經四千四百二十八　注五千九百七十六　儀禮疏卷第三十四

元缺卷今補

依要義分

南昌嘉慶二十年重
用文選樓藏本校

江西督糧道王賡言廣豐縣知縣阿應鱗栞

儀禮注疏卷三十四挍勘記　阮元撰盧宣旬摘錄

朋友皆在他邦

舊說云　集釋要義敖氏俱無云字盧文弨云疏亦當删

主若幼少　少要義作小

主人素冠環經以視斂訖　毛本重斂字陳閩斂斂二字俱誤作見

主若幼少則未止者　少要義亦作小下證主幼少仍作少陳本惟證主幼少作小餘俱作少

主若幼少不能爲主　要義無少字

是三年之人小　陳閩要義同毛本三作二○按三是也

以其又無大功已下之親　要義同毛本又作有

朋友麻

則弁絰服 自服字起至下文環絰也止凡十三字陳閩監葛俱脫

緦衰也 徐本集釋同毛本衰作麻

當事乃弁絰 乃徐本集釋俱作乃與疏合毛本作則

緇衣羔裘又曰 六字陳閩監葛俱脫

疑衰素裳 此句下集釋有冠則皮弁加絰六字浦鏜云下按周禮司服疏引此注有冠則皮弁之絰六字

則其弔服素冠委貌 陳閩監葛俱作則其冠素委貌與疏合

以三升布上元下纚 三上浦鏜云脫十字

亦以三升布 亦字陳閩俱在升下

一股麻爲骨又以一股麻爲繩 毛本上一字上有以字陳閩俱無兩一字

故秦誓武王謂諸侯云　陳本要義同毛本泰誤作桼謂作告

緦麻也　麻要義作衰與徐本注合

元謂無事其縷　要義同毛本元下有蓋字

無事其布衰在外　要義同毛本無作有

及殯時乃弁絰　毛本乃作及浦鏜亦作乃段玉裁校本作則

非此時則皮弁　要義同毛本無時字

故向下取疑衰爲弔服也　要義同毛本無向字

近是天子之朝服　要義同毛本近是作是近

其服則白布深衣　要義無其服二字毛本深衣下無以白布深衣五字

未辨緦衰疑衰所施用　疑衰二字陳閩俱重出

則君與此士有師友之恩要義同毛本恩作惠

有經無帶要義同毛本無作有

但弔服既著衰要義同毛本但作袒

其以三衰所用按其以疑當作以其

皆是朋友要義同毛本是作于

則其帶未必如環其陳閩俱作有

君之所爲兄弟服

室老似正君近臣通解要義同毛本正作止○按止疑是字之誤

故從君所服也故陳閩俱作敬

夫之所爲兄弟服

是以毋黨皆不服之通解要義同毛本無之字

宗子孤爲殤

以其父在爲適子通解要義同毛本爲作無

五月殤卽八三月通解要義楊氏同毛本五月作至下陳本誤作王小

改葬緦

將亡失尸柩也尸釋文作屍毛本聶氏柩下有者字徐本集解要義敖氏俱無

言改葬者徐本集釋同毛本無言字

其奠如大斂奠要義作斂按釋文云大斂力驗反宋本釋文大作其張氏從之改奠爲斂與疏不合

卽設奠之禮朝廟是也又朝廟載柩之時陳閩俱無朝廟是也又五字

飾以帷荒　陳閩同毛本荒作幌

童子唯當室緦　按此節及下凡妾爲私兄弟如邦人要義併作一條其注亦併爲一未知何義

案內則年二十敦行孝弟　毛本敦作故浦鏜改故爲敦

傳曰不當室

此傳恐不當室與當室者同　通解不字在與字下

凡妾爲私兄弟

自其族親也　自徐本集釋要義敖氏俱作自與疏不合毛本作目

然則女君有以尊降其兄弟者　徐本集釋要義同毛本無然則二字

大夫之女　徐本集釋要義同毛本大上有與字

爲天王后也　徐本集釋同毛本也作者要義無

大夫弔於命婦錫衰

知不弔命婦不字陳閩俱在婦字下

傳曰錫者何也麻之有錫者也敖氏曰有錫疑當作滑易蓋二字各有似以傳寫而誤也鄭司農注司服職云錫麻之滑易者也其據此記未誤之文與〇按錫者滑易也有錫者治其布使之滑易也有卽有事其布之有若但云麻之滑易則麻自滑易不見有事其布之意敖言先鄭作滑易殊屬傅會恐後人併據以改後鄭之本故附論之

不錫者不治其縷徐本楊氏同毛本錫上無不字按前緦麻三月者疏引此注惟聶氏無不字各本俱有

士雖當事雖徐陳集釋俱作雖與疏合毛本作唯重脩監本誤作准

皮錫衰而已毛本皮下有弁字徐本無張氏曰監本云皮弁錫衰從監本

皆皮弁衰而已　衰要義作言

亦是君於此士　士上要義有公字

上注士弔服　弔服要義作喪禮

又笄總相對　對要義作將

女子子適人者

故使惡笄而有首　陳閩俱脫有字

則齊衰已下　通解要義同毛本無則字

鄭注總六升象冠數　此句下通解要義俱有則齊衰總亦象冠數八字毛本無

傳曰笄有首者○吉笄者象笄也　毛本吉誤作言

卒哭而喪之大事畢　喪閩監葛本俱誤作笄

吉笄尊變其尊者婦人之義也　十二字徐本集釋俱在折其首者上毛本在下通解無許宗彥云變者以吉笄易惡笄也注先解吉笄爲婦人之義後乃解折首爲其太飾語勢相承徐本是也

若然斬衰笄用箭　若陳閩俱誤作笄無用箭二字

齊衰用櫛　陳閩俱無齊衰二字

乃折去首而著之也　首要義作笄

彼樿木與象櫛相對　此句下通解要義俱有此櫛笄與象笄相對八字毛本無

但此用樿木彼用櫛本　按櫛疑當作榛

妾爲女君

妾爲女君之服　程瑶田曰妾爲女君見不杖麻屨章爲君之長子經不見其服故賈疏曰妾爲君之黨服得與女君同爲長子亦三年也今疏作妾爲女君之服蓋君之黨三字轉寫譌作女君之三字也今

據經傳服例參考改正○按大功章大夫之妾爲君之庶子疏云妾爲君之長子亦三年者妾從女君服得與女君同故亦同女君三年此疏與彼正同然則此句但須改爲字作從若據小記注妾爲女君之黨服得與女君同則可於之下加黨字

凡衰外削幅

裳内削幅者　通解要義楊氏同毛本無裳字

則二七十四尺　要義同毛本通解楊氏四下有丈四二字案要義是

故須辟積其要中也　通解要義同毛本無其字

在八纑細　要義同毛本通解敖氏在作任

治其絲麻　按禮運當作麻絲

覾之美也　毛本聶氏同通解要義俱作覞之善也

唐虞以下 毛本以作已聶氏下作上

六冕與爵弁爲祭服 陳本通解要義同毛本六作衮

其實要閒已外 實通解作它毛本作餘

似喪冠三辟積吉冠辟積無數也 陳本要義同毛本上冠字作服無吉冠辟積四字通解有

若齊裳內衰外

而言不一斬者 陳閩通解要義同毛本言不作不言○按而言二字屬上此據四齊爲句一字疑亦當作言

以其上有斬 上陳閩俱作止

不齊 通解要義同毛本不上有下字陳本作不不不齊

亦齊可知也　陳閩通解要義同毛本亦作而

適博四寸

則與闕中八寸也　李氏曰濶中或作闕中謂闕去中央以安項也

旁出衰外　徐陳集釋通解楊敖俱有外字與疏合毛本無

博是寬狹之稱　是通解作見

衰長六寸

負在背上者　通解要義同毛本無上字

衣帶下尺

取足爲限也　陳閩通解要義敖氏同毛本足作定

露見表衣　表陳閩俱誤作喪通解作裹

衽二尺有五寸

燕尾二尺五寸 二敖氏作一按敖氏是也用布三尺五寸兩端各留正一尺中間一尺五寸邪裁之爲燕尾也但諸本皆誤惟敖氏不誤豈以意改之與抑別有所據與

乃向下 通解楊敖俱無向下二字要義有

袂屬幅

謂整幅二尺二寸 聶氏要義楊氏同毛本上二字作三通解誤作一

衣二尺有二寸

加辟領八寸 徐本集釋通解楊氏同毛本辟領作閜中李氏曰賈氏作闕中

此衣據從上向掖下而言 通解無此字

欲見袂與衣齊參也 要義同毛本通解參作三

云加闕中八寸者闕聶氏通解要義俱作闕是也下同毛本作闊按盧文弨校引李云闊賈氏作闕疏內皆作闕中

袪尺二寸

既與深衣尺二寸既據橫而言通解無兩既字按此處疑有錯簡當云以袪橫據橫而言既與深衣尺二寸同許宗彥云當作不言緣之深淺尺寸者以袪據橫而言既與深衣尺二寸同故緣云云

不言緣之深淺尺寸者者下要義有同故二字毛本無按同字當在上文既與深衣尺二寸下故卽疏末故記人之故要義節去末句遂升故字於緣口之上耳

衰三升

此三升半半閩本作并陳本初作并後改半

實是義服　要義同毛本實是作是實

齊衰之降服四升　毛本衰作服通解要義俱作衰

繐衰四升有半

此謂諸侯之大夫　徐本集釋通解要義敖氏同毛本無謂字

大功八升若九升

以此二小功衰衰　功下陳閩俱有大功二字毛本不重衰字

受衰十一升　衰陳閩俱作冠

此哀之發於衣服者也　哀通解作哀是也毛本作衰

儀禮注疏卷三十四挍勘記終

奉新余成教挍

儀禮疏卷第三十五　儀禮卷第十二

唐朝散大夫行大學博士弘文館學士臣賈公彦等撰

士喪禮第十二

士喪禮第十二○鄭目錄云士喪其父母自始死至於既殯之禮喪於五禮屬凶。大戴第四小戴第八別錄第十二○釋曰鄭云自始死至於既殯之禮者自從也既已也謂從始死已殯之後未葬之前皆錄之是已下殯後論朝奠筮宅井卜葬日之事也又云喪於五禮屬凶者案周禮大宗伯掌五禮吉凶賓軍嘉此於五禮屬凶若然天子諸侯之下皆有士此當諸侯之士知者下云君若有賜不言王又喪大記云君沐粱大夫沐稷士沐粱鄭云士喪禮沐稻此云士沐粱蓋天子之士也又大斂陳衣與喪大記不同鄭亦云彼天子之士此諸侯之士以此言之此篇諸侯之士可知但公侯伯之士一命子男之士不命一命與不命皆分爲三等各有上中下及行喪禮其節同但銘旌有異故下云爲銘各以其物亡則以緇長半幅物謂公侯伯之士一命已上生時得建旌旗亡謂子男之士生時無旌旗之物者唯此爲異又鄭直云士喪父母不言妻與長子二者亦依士禮故下記云赴曰君之臣某死赴

母妻長子則曰君之臣某之某死是禮同故得同附於君之臣記不云父者以其經主於父死故記不言也

儀

禮　鄭氏注

士喪禮死于適室幠用斂衾適室正寢之室也疾者齊故于正寢焉疾時處北墉下死而遷之當牖下有牀衽幠覆也斂衾大斂所并用之衾衾被也小斂之衾當陳喪大記曰始死遷尸于牀幠用斂衾去死衣

疏○注適室至死衣○釋曰自此盡帷堂論始死招魂綴足設奠帷堂之事云適室正寢之室也者若對天子諸侯謂之路寢卿大夫士謂之適室亦謂之適寢故下記云士處適寢揔而言之皆謂之正寢是以莊三十二年秋八月公薨于路寢公羊傳云路寢者何正寢也穀梁傳亦云路寢正寢也言正寢者對燕寢與側室非正寢喪大記云君夫人卒於路寢大夫世婦卒於適寢內子未命則死于下室遷尸于寢士士之妻皆死于寢鄭注云言死者必皆於正處也以此言之妻皆與夫同處若然天子崩亦於路寢是以顧命成王崩延康王於翼室翼室則路寢也若非正寢則失其所是以僖三十三年冬十二月公薨於小寢左氏傳云即安也是譏不得其正云疾者齊故於正寢焉疾時

處北墉下死而遷之當牖下有牀衽者此並取下記文但文有詳略文不與本同云疾者齊故于正寢焉以其齊須在適寢是以故在正寢鄭彼注云正情性也衽是臥席故彼云下莞上簟設枕焉云幠覆也斂衾大斂所并用之衾者經直云衾不辯大小鄭知非小斂衾是大斂衾者鄭云小斂之衾當陳者不用小斂衾以其大斂未至故且覆尸是以小斂訖大斂之衾當陳則用夷衾覆尸是其次也此所覆尸尸襲後將小斂乃去之是以下襲訖亦云幠用衾鄭注云始死時斂衾必覆之者爲其形褻言大斂所用之衾者案喪大記君大夫士皆小斂一衾大斂二衾今始死用大斂一衾以覆尸及至大斂之時兩衾俱用一衾承薦於下一衾以覆尸故云大斂所并用之衾引喪大記者欲見加斂衾以覆尸以去死衣鄭彼注云去死衣病時所加新衣及復衣也去之以俟沐浴是也

復者一人以爵弁服簪裳于衣左何之扱領于帶復者有司招魂復魄也天子則夏采祭僕之屬諸侯則小臣爲之爵弁服純衣纁裳也禮以冠名服簪連也

疏○注復者至連也○釋曰言復者一人者諸侯之士一命與不命並皆一人案雜記云復西上者鄭注云北面而西上陽長左也復者多少各如其命之數若

然案典命諸侯卿大夫三命再命一命天子三公八命其卿六命大夫四命上士三命中士再命下士一命上公九命侯伯七命子男五命皆依命數九人以下則天子宜十二爲節侯當十有二人也云復者有司者案喪大記復者小臣則士家不得同僚爲之則有司府史之等也不言所著衣服者案喪大記小臣朝服下記亦云復者朝服則尊卑皆朝服可知必著朝服者鄭注喪大記云朝服而復所以事君之衣也復者庶其生氣復既不蘇方始爲死事耳愚謂朝服平生所服冀精神識之而來反衣以其事死如事生故復者皆朝服也若然天子崩復者皮弁服也云招魂復魄也者出入之氣謂之魂耳目聰明謂之魄死者魂神去離於魄今欲招取魂來復歸于魄故云招魂復魄也云天子則夏采祭僕之屬者案周禮天官夏采職云大喪以冕服復於大祖以乘車建綏復於四郊鄭注云求之王平生常所有事之處乘車玉路於大廟以冕服不出宮也又夏官祭僕職云大喪復於小廟鄭注云小廟高祖以下也始祖曰大廟又隸僕云大喪復於小寢鄭注云小寢高祖以下廟之寢也始祖曰大寢此不言隸僕以其隸僕與祭僕同僕官之屬中兼之案檀弓君復於小寢大寢小祖大祖庫門四郊鄭注云尊者求之備也亦他日所嘗有事是諸侯復法言庫門據魯作說若凡平諸侯則皐門臯

外門而言三門俱復則天子五門及四郊皆復不言者文不具卿大夫以下復自門以內廟及寢而已婦人無外事自王后以下所復處亦自門以內廟及寢而已云諸侯則小臣爲之者喪大記文也云爵弁服純衣纁裳也者案士冠禮云陳服於房中西墉下東領北上爵弁服纁裳純衣是也士用爵弁者案雜記云士弁而祭於公冠而祭於已是士服爵弁助祭於君玄冠自祭於家廟士復用助祭之服則諸侯以下皆用助祭之服可知故雜記云復諸侯以褒衣冕服爵弁服鄭注云復招魂復魄也冕服者上公五侯伯四子男三褒衣亦始命爲諸侯及朝覲見加賜之衣也褒猶進也則袞冕之類若然冕服者有六除大裘有袞冕鷩冕毳冕絺冕玄冕上公袞冕而下侯伯鷩冕而下子男毳冕而下皆爵弁若然孤自絺冕而下卿大夫玄冕爵弁士爵弁而已天子孤卿大夫士其衣亦與之同三公執璧與子男同其服亦同若然大裘是祭天地之服又與四郊建綏而復不用大裘而冕則門及廟寢等用袞冕以下與上公同但復者依命數衣服不足覆取上服重用之以充其數王后以下案雜記云復衣夫人稅衣揄狄鄭○鞠衣展衣褖衣至揄狄是侯伯夫人案周禮內司服掌王后六服褘衣揄狄闕狄鞠衣展衣褖衣王后及上公夫人二王後及魯之夫人皆用褘衣下至褖衣侯伯夫人與王

之三夫人同揄翟以下至褖衣子男夫人與三公夫人自闕狄以下至褖衣孤之妻與九嬪鞠衣展衣褖衣御大夫妻與王之世婦展衣褖衣士妻與女御褖衣而已云禮以冠名服者案士冠禮皮弁爵弁並列於階下執之而空陳服於房云皮弁服爵弁服是以冠名服鄭言此者欲見復時唯用緇衣纁裳不用爵弁而經言爵弁服是禮以冠名服也云簪連也者若凡常衣服衣裳各別今此招魂取其便故連裳於衣

升自前東榮中屋北面招以衣曰皋某復三降衣于前

北面招求諸幽之義也皋長聲也某死者之名也復反也降衣下之也喪大記曰凡復男子稱名婦人稱字

疏○注北面至稱字○釋曰案喪大記復有林麓則虞人設階無林麓則狄人設階鄭云階所乘以升屋者虞人主林麓之官也狄人樂吏之賤者階梯也與虞之類有林麓謂若與夫人有國有采地者無林麓謂大夫士無采地者則此升屋之時使狄人設梯復聲必三者禮成於三北面招求諸幽之義也者禮記檀弓文以其死者必歸幽暗之方故北面招之求諸幽之義引喪大記者證經復時所呼名字云男子稱名者據大夫以下若天子崩則云皋天子復若諸侯薨則稱皋某甫復若婦人稱字則尊卑同此經含

有男子婦人之喪故言男子稱名婦人稱字案喪服小記云男子稱名婦人書姓與伯仲是也

受用篋升自阼階以衣尸受者受之於庭也復者其一人招則受衣亦一人也人君則司服受之衣尸者覆之若得魂反之【疏】○注受者至反之○釋曰鄭知受之於庭者以其降衣簷前受而升自阼階明知受之於堂下在庭可知云復者其一人招則受衣亦一人也者以其服唯一領明知各一人也自再命以上受者亦各依命數云人君則司服受之者案喪大記云北面三號捲衣投于前司服受之以其大夫士無司服之官明據君也云衣尸者覆之若得魂反之者此服衣浴而去之不用襲斂故喪大記云始死遷尸于牀幠用斂衾去死衣鄭注云死衣病時所加新衣及復衣也彼又云復衣不以衣尸不以斂鄭注云不以衣尸謂不以襲也斂謂小斂大斂而云覆之直取魂魄反而已

復者降自後西榮不由前降不以虛反也降因徹西北扉若云此室凶不可居然也自是行死事【疏】○注不由至死事○釋曰云不由前降不以虛反也者凡復者緣孝子之心望得魂氣復反復而不蘇則是虛反今降自後是不欲虛反也云降因徹西北扉者案此文及喪大記皆言降自西北榮皆不言徹扉

鄭云徹屏者案喪大記將沐甸人爲垼于西牆下陶人出重鬲管人受沐乃煮之甸人取所徹廟之西北屏薪而爨之諸文更不見徹屏薪之文故知復者降時徹之故鄭云降因徹西北屏也西北名爲屏屏者案特牲尸謖之後改饌於西北隅以爲陽厭而云屏用筵鄭云屏隱也故以西北隅爲屏也必徹毀之者鄭云若云此室凶不可居然也自是行死事者復而不蘇下文楔齒綴足之等皆是行死事也

楔齒用角柶爲將含恐其口閉急也

疏○注爲將至急也○釋曰案記云楔貌如軛上兩末鄭云事便也此角柶其形與扱醴角柶制別故屈之如軛中央入口兩末向上取事便也以其兩末向上出入易故也

綴足用燕几綴猶拘也爲將屨恐其辟戾也今文綴爲對

疏○注綴猶至爲對○釋曰案記云綴足用燕几校在南御者坐持之鄭注云校脛也尸南首几脛在南以拘足則不得辟戾矣以此言之几之兩頭皆有兩足今豎用之一頭以夾兩足恐几傾倒故使御者坐持之案喪大記小臣楔齒用角柶綴足用燕几君大夫士一也又案周禮天官玉府大喪共含玉復衣裳角枕角柶則自天子以下至於士其禮同言燕几者燕安也當在燕寢之內常憑之以安體也

奠脯醢醴酒升

自作階奠于尸東鬼神無象設奠以馮依之疏○注鬼神至依之○釋曰案檀弓曾子云始死之奠其餘閣也與鄭注云不容改新也則此奠是閣之餘食爲之案下小斂一豆一籩大斂兩豆兩籩此始死俱言亦無過一豆一籩而已下記云若醴若酒鄭注云或卒無醴用新酒此醴酒雖俱言亦科用其一不並用以其小斂酒醴具有此則未具是其差

帷堂事小訖也疏○注事小訖也○釋曰云事小訖也者以其未襲斂必帷之者鬼神尚幽闇故也

乃赴于君主人西階東南面命赴者拜送赴告也臣君之股肱耳目死當有恩疏○注赴告至有恩○釋曰此及下經論使人告君之事云臣君之股肱耳目者案虞書云帝曰臣作朕股肱耳目注云大體若身云死當有恩是以下有弔及贈襚之事也案檀弓云父兄命赴者鄭注云謂大夫以上也士主人親命之是尊卑禮異也

有賓則拜之賓僚友羣士也其位猶朝夕哭矣疏○注賓僚至哭矣○釋曰此謂因命赴者有賓則拜之若不因命赴者則不出是以下云唯君命出鄭云始喪之日哀戚甚在室故不出是也云賓僚友羣士也者同官爲僚同志爲友

羣士即僚友也以其始死雖赴君此僚友未蒙赴及即來是先知疾重故未赴即來明是僚友之士非大夫及疏遠者若有大夫則經辭之而稱大夫是以下文因君襚即云有大夫則特拜之是也云其位猶朝夕哭矣者謂賓弔位猶如賓朝夕哭位其主人之位則異於朝夕而在西階東南面拜之拜訖西階下東面下經所云拜大夫之位是也

入坐于牀東衆主人在其後西面婦人俠牀東面

衆主人庶昆弟也婦人謂妻妾子姓也亦適妻在前

疏○注衆主人至在前○釋曰自此盡北面論主人以下哭位之事云入坐者謂上文主人拜賓訖入坐于牀東是其衆主人直言在其後不言坐則立可知婦人雖不言坐案喪大記婦人皆坐無立法言俠牀者男子牀東婦人牀西以近而言也案喪大記士之喪主人父兄子姓皆坐于東方主婦姑姊妹子姓皆坐于西方此義恐錯此經有不命士喪大記無不命士又與大記文不同釋亦不合子姓皆坐于西方注云士賤同宗尊卑皆坐此除主人之外不坐者此據命士彼據不命之士知者案喪大記云大夫之喪主人坐于東方主婦坐于西方其有命夫命婦則坐無則皆立是大夫喪尊者坐卑者立是知此非主人皆立據命士大記云尊卑皆坐據不命

之士云婦人謂妻妾子姓者下云親者在室其中有姑姊故此注直言妻妾子姓也喪大記兼言姑姊妹者彼無别文見親者在室故注總言之也言亦適妻在前者亦主人在衆主人前也**親者在室**謂大功以上父兄姑姊妹子姓在此者疏○注謂大至此者○釋曰知親者謂大功以上者以大功以上有同財之義相親暱之理下有衆婦人戶外據小功以下疏者故知此爲大功以上也云父兄姑姊妹在此者上注據死者妻妾子姓也此注據主人之兄弟姑姊妹子姓而言若然父謂諸父兄謂諸兄從父昆弟姑謂主人之姑姊妹謂從父姊妹子姓謂主人之孫於死者謂曾孫玄孫曾孫爲曾祖高祖齊衰三月當在大功親之內故云子姓在此者**衆婦人戶外北面衆兄弟堂下北面**衆婦人衆兄弟小功以下疏○注衆婦人至以下○釋曰案喪服記云兄弟皆在他邦加一等傳曰小功以下爲兄弟玄謂於此發兄弟傳者嫌大功以上又加也大功以上若皆在他國則親自親矣是大功以上爲親者則上文是也是以知此婦人在戶外是小功以下可知若然同是小功以下而男子在堂下者以其婦人有事自堂及房不合在下故男子在堂下婦人戶外堂上耳**君使人弔**

徹帷主人迎于寢門外見賓不哭先入門右北面使人士也禮使人必以其爵使者至使人入將命乃出迎之寢門內門也徹帷戹之事畢則下之

疏○注使人士至下之○釋曰自此盡不辭入論君使人弔襚之事鄭知禮使人必以其爵者案聘禮使人歸饔餼及致禮皆各以其爵此君使人弔朝士明亦以其爵使士可知此儀禮見諸侯弔法若天子則不以其爵各以其官是以周禮大僕職云掌三公孤卿之弔勞鄭云王使往及小臣職云掌士大夫之弔勞又御僕職掌羣使之弔勞又冢宰夫職云凡邦之弔事掌其戒令與幣器注弔事弔諸侯是其皆以官不以爵也云使者至使人入將命乃出迎之者將命謂傳賓主人之言擯者也案下小斂後云有襚者則將命擯者出請入告注云喪禮略於威儀既小斂擯者乃用辭若然則此雖有擯者未用辭故此下經不云主人出迎經不云擯者鄭探其意使者使人入將命所使之人入將命即包主人擯者也云寢門內門也者以其大夫士唯有兩門有○寢門者○外門者以其下云主人拜送于外門外故知此寢門內門也云徹帷戹之者謂褰帷而上非謂全徹去知事畢則下之者案下君使人襚徹帷明此事畢下之可知

弔者入升

自西階東面主人進中庭弔者致命主人不升賤也致命曰君聞子之喪使某如何不淑 疏 ○注主人至不淑○釋曰上云主人迎于寢門外此云弔者入謂入寢門以其死在適寢云主人不升賤也者對大夫之喪其子得升堂受命知者案喪大器大夫於君命迎于寢門外使者升堂致命主人拜于下言拜于下明受命之時得升堂必知大夫之子得升堂受命者案喪大記云大夫之喪將大斂君至主人迎先入門右君即位于序端主人房外南面卒斂宰告主人降北面於堂下君撫之主人拜稽顙鄭注云大夫之子尊得升視斂下文又云士之喪將大斂君不在其餘禮猶大夫也以君常視士殯故言君不在若有恩賜君視大斂則不得如大夫言君不在者謂士之子不升堂在君側以此言之士受君命不得升堂以其賤明大夫之子得升受命乃降拜可知是以大戴禮云大夫於君命升聽命降拜是也云致命曰以下鄭知有此辭者案雜記諸侯使人弔鄰國之君喪而云弔者入升自西階東面致命曰寡君聞君之喪寡君使某如何不淑彼據鄰國之君故稱寡此使士弔已國之士故直云君不言寡也

主人哭拜稽顙成踊稽顙頭觸地成踊三者三 疏 ○注稽顙至者

三。釋曰云稽顙頭觸地者案禮記檀弓曰稽顙而后拜頎乎其致也爲稽首之拜但觸地無容即名稽顙云成踊三者三案曾子問君薨世子生三日告殯云衆主人卿大夫士哭踊三者三凡九踊也　賓出主人拜送于外門外君使人襚徹帷主人如初襚者左執領右執要入升致命襚之言遺也衣被曰襚致命曰君使某襚

疏。注襚之至某襚。釋曰云主人如初者如上弔時迎于寢門外以下之事也云襚之言遺也者謂君有命以衣服遺與主人云衣被曰襚者案左傳隱元年秋七月天王使宰咺來歸惠公仲子之賵穀梁傳曰乘馬曰賵衣衾曰襚貝玉曰含錢財曰賻是也云致命曰君使某襚者亦約雜記文此君襚雖在襲前主人襲與小斂俱不得用君襚大斂乃用之知者案喪大記云君無襚大夫士畢主人之祭服親戚之衣受之不以即陳注云無襚者不陳不以斂謂不用之爲小斂至大斂乃用之故下文大斂之節云君襚不倒注云至此乃用君襚主人先自盡是也　主人拜如初襚者入衣尸出主人拜送如初唯君命

出升降自西階遂拜賓有大夫則特拜之即位于西階下東面不踊大夫雖不辭入也唯君命出以明大夫以下時來弔襚不出也始喪之日哀慼甚在室故不出拜賓也大夫則特拜別於士旅拜也即位西階下未忍在主人位也不踊但哭拜而已不辭而主人升入明本不爲賓出不成禮也

疏○注唯君至禮也○釋曰云主人拜如初者亦如上主人進中庭哭拜稽顙成踊云襚者入衣尸出者案既夕記襚者委衣于牀不坐衆襚者委于牀上不坐則此襚者左執領右執要以衣尸亦不坐云唯君命出者欲見孤卿大夫士雖有弔襚來皆不出故云唯著異也云遂拜賓者因事曰遂以因有君命故拜賓若無君命則不出戶云大夫雖不辭入也者謂主人小斂後賓致辭云如何不淑乃復位踊今以初死大夫雖不辭主人升入室云以明大夫以下時來弔襚不出也者言唯君命出明大夫已下時來弔襚不出可知經云拜大夫者以因君命出見故也云未忍在主人位也者至小斂後始就東階下西南面主人位也云明本不爲賓出不成禮也者揔解不爲之踊及雖不辭而入二事

親者襚不將命

以即陳大功以上有同財之義也不將命不使人將之致於主人也即陳陳在房中疏○注大功至房中○釋曰自此盡適房論大功兄弟及朋友弔襚之事云大功以上謂并異門齊衰故云以上云即陳陳在房中者下云如襚以適房故知此陳陳在房中也庶兄弟襚使人以將命于室主人拜于位委衣于尸東牀上庶兄弟即衆兄弟也變衆言庶容同姓耳將命曰某使某襚拜于位室中位也疏○注庶兄至位也○釋曰知庶兄弟即衆兄弟者見上文云親者在室又云衆兄弟堂下北面注云是小功以下又云親者襚此云庶兄弟襚以文次而言故知庶兄弟即衆兄弟也云變衆言庶容同姓耳者以同姓絕服者有襚法鄭必知變衆言庶即容同姓者見喪服不杖麻屨章士言衆子大夫言庶子鄭云士謂之衆子未能遠別也是庶者䟽遠之稱故知言庶容同姓云將命曰某使某襚者某謂庶兄弟名使某襚者名但庶兄弟是小功緦麻之親在堂下使有司歸家取服致命於主人若同姓容不在始來弔襚也云拜于位室中位也者以其非君命不出故知拜于室中位也朋友襚親以進主人拜委衣如

初退哭不踊親以進親之恩也退下堂反賓位也主人徒哭不踊別於君襚也【疏】○注親以至襚也○釋曰云別於君襚也者上文君襚之時主人哭拜稽顙成踊此朋友襚主人徒哭不踊故云別於君襚

徹衣者執衣如襚以適房凡於襚者出有司徹衣【疏】○注凡於至徹衣○釋曰云執衣如襚者上文君襚之時襚者左執領右執要此徹衣者亦左執領右執要故云如襚也云凡於襚者出有司徹衣者案此徹衣之文在諸襚者之下言之故雜記諸侯使人弔含襚賵訖乃云主人有司故云凡於襚者出有司徹衣

爲銘各以其物亡則以緇長半幅䞓末長終幅廣三寸書銘于末曰某氏某之柩銘明旌也雜帛爲物大夫之所建也以死者爲不可別故以其旗識識之愛之斯錄之矣亡無也無旌不命之士也半幅一尺終幅二尺在棺爲柩今文銘皆爲名末爲旆也【疏】○注銘明至旆也○釋曰自此至西階上論書死者銘旌之事此士喪禮記公侯伯之士一命亦記子男之士不命故此銘旌揔見之也云爲銘各以其物者案周禮司常大夫士同建

雜帛爲物今云各以其物而不同者雜帛之物雖同其旌旗之杠長短則異故禮緯云天子之旗九刃諸侯七刃大夫五刃士三刃但死以尺易刃故下云竹杠長三尺長短不同故言各以别之此據侯伯之士一命者也云銘明旌也者檀弓文雜帛爲物大夫之所建也者此司常文也言雜帛者爲旗旌之縿以絳帛爲之以白色之帛禪緣之鄭彼注云大夫士雜帛言以先王正道佐職是也云以死者至録之矣者檀弓文案彼自銘明旌至録之矣引之者事恰盡重與奠自爲下事之别不得以周禮小祝之職杜子春解熬爲重鄭不從其義故以證破子春又鄭注檀弓云謂重與奠此引證銘旌者鄭君兩解之以彼兼有重與奠亦是録死者之義此銘旌是録死者之名故兩注不同案周禮小祝云設熬置銘杜子春引檀弓曰銘明旌也以死者爲不可別故以其旗識之愛之斯録之矣子春亦爲此解云無旌不命之士也者謂子男之士也云半幅一尺終幅二尺者經直云長半幅不言廣則亦三寸云赬末長終幅廣三寸則廣三寸揔結之但布幅二尺二寸今云二尺者鄭君計侯與深衣皆除邊幅一寸此亦兩邊除二寸而言之凡書銘之法案喪服小記云復與書銘自天子達於士其辭一也男子稱名婦人書姓與伯仲鄭注云此謂殷禮也殷質不重名復則臣得名君周之禮天子崩復

曰臯天子復諸侯薨復曰臯某甫復其餘及書銘則同以此而言除天子諸侯之外其復男子皆稱姓名是以此云某氏某之柩云在棺爲柩者下曲禮文以其銘旌表柩不表屍故據柩而言

竹杠長三尺置于宇。西階上

杠銘橦也宇梠也

疏 ○注杠銘至梠也○釋曰此始造銘訖且置於宇下西階上待爲重訖以此銘置於重又下文卒塗始置於肂若然此時未用權置於此及於重也云宇梠也者案爾雅釋宮云檐謂之樀郭云屋梠謂當檐下故特牲記云饎爨在西壁鄭注云西壁堂之西墻下舊說云南北直屋梠稷在南是也

甸人掘坎于階閒少西爲垼于西墻下東鄉

甸人有司主田野者垼塊竈西墻中庭之西今文鄉爲面

疏 ○注甸人至爲面○釋曰自此盡西階下論掘坎爲垼饌陳沐浴之具此坎不論淺深及所盛之物案既夕記云掘坎南順廣尺輪二尺深三尺南其壤下文沐浴餘潘及巾櫛等棄埋之於此坎也云甸人有司主田野者士無臣所行事皆是有司屬吏之等言主田野者案周禮甸師其徒三百人掌帥其屬而耕耨王藉是掌田野士雖無此官亦有掌田野之人謂之甸人云垼塊竈者案既夕記云垼用塊是以塊

爲竈名爲垼用之以煮沐浴者之潘水知在中庭之西者經直云于西墻下不繼階字明近南中庭之西也

新盆 新此瓦器五種者重死事

槃瓶廢敦重鬲皆濯造于西階下 盆以盛水槃承渜濯瓶以汲水也廢敦敦無足者所以盛米也重鬲鬲將縣。重者也濯滌溉也造至也猶饌也以造言之喪事遽

疏 ○注新此至事遽○釋曰云盆以盛水者案下文祝淅米時所用槃以盛渜濯者謂置於尸牀下時餘潘水名爲渜濯知以此槃盛者下文別云士有冰用夷槃彼是寒尸之槃故知此承渜濯云瓶以汲水也者下文管人汲用此瓶也知廢敦敦無足者若有足直名敦故下文徹朔奠云敦啓會面足注云面足執之令足間鄉前也是其有足直名敦凡物無足稱廢是以士虞禮云主人洗廢爵主婦洗足爵廢爵注云爵無足足爵也云所以盛米也者以下文而知云重鬲鬲將縣重者也下文濤餘飯乃縣於重此時先用煮沐。潘。故云將縣重者也以其事未至故言將也云以造言之喪事遽者以其不言饌造者造是造次故以造言之喪事遽也

陳襲事于房中西領南上不綪 襲事謂衣服也綪讀爲絳絳屈也襲事少上陳而下不屈江沔之閒謂縈收繩索爲絳古

文繡皆○注襲事至爲綪○釋曰自此至繼陳不用論爲精疏陳襲所用之事云襲事謂衣服也者此先陳之至下文商祝襲時乃用之但用者三稱而已其中庶襚之等雖不用亦陳之以多爲貴案下小斂大斂先陳先用後陳後用依次第而陳此襲事以其初死先成先陳後成後陳喪事遽備之而已故不依次也云襲事少上陳而下不屈者所陳之法房戶之內於戶東西領南上以衣裳少從南至北則盡不須綪屈知戶東陳之者取之便故也云江沔之閒者案禹貢云嶓冢導漾東流爲漢孔傳云泉始出山爲漾水南東流爲沔水至漢中東行爲漢水南有江水北有沔水故云江沔之閒以縈收繩索爲綪引之證取綪爲屈義也

明衣裳用布所以親身爲圭絜也○疏注所以至絜也○釋曰案下記云明衣裳用幕布注云幕布帷幕之布則此布用帷幕之布但升數未聞知親身者下浴訖先設明衣故知親身也云爲圭絜也者以其言明明者絜淨之義故知取圭絜者也

鬠笄用桑長四寸纋中桑之爲言喪也用爲笄取其名也長四寸不冠故也纋笄之中央以安髮○疏注桑之至安髮○釋曰以鬠爲鬠義取以髮會聚之意云桑之爲言喪也者爲喪所用故用桑以聲名之是以云取其名也

云長四寸不冠故也者凡笄有二種一是安髮之笄男子婦人俱有即此笄是也一是爲冠笄皮弁笄爵弁笄唯男子有而婦人無也此二笄皆長不唯四寸而已今此笄四寸者僅取人髻而已以其男子不冠冠則笄長矣此注及下注知死者不冠者下記云其母之喪髻無笄注云無笄猶丈夫之不冠也以此言之生時男子冠婦人笄今死婦人不笄則知男子亦不冠也家語云孔子之喪襲而冠者家語王肅之增改不可依用也云纋笄之中央以安髮者兩頭闊中央狹則於髮安故云以安髮也

布巾環幅不鑿

環幅廣袤等也不鑿者士之子親含反其巾而已大夫以上賓爲之含當口鑿之嫌有惡古文環作還

疏○注環幅至作還○釋曰此爲飯含而設所以覆死者而云廣袤等也者布幅二尺二寸鄭計布廣狹例除邊幅二寸以二尺爲率則此廣袤等亦二尺也云不鑿者士之子親含反其巾而已者下經云主人左扱米實于右三實一貝左中亦如之是士之子親含此經云不鑿明反其巾而已也又知大夫以上賓爲之含當口鑿之嫌有惡者案雜記云鑿巾以飯公羊賈爲之也鄭云記士失禮所由始也士親飯必發其巾大夫以上賓爲飯焉則有鑿巾以此經云不鑿則大夫以上鑿謂若士月半不殷奠則大夫以上月半殷奠可知以其大夫

以上有臣臣爲賔賔飯含嫌有惡故鑿之也

掩練帛廣終幅長五尺析其末

掩裹首也析其末爲將結於頤下又還結於項巾。（疏）○注掩裹至項中○釋曰掩若今人幞頭但死者以後二脚於頤下結之與生人爲異也此陳之耳若設之案下經云商祝掩瑱設幎目注云掩者先結頤下既瑱幎目乃還結項是也

瑱用白纊

瑱充耳纊新綿（疏）○注瑱充耳纊新綿○釋曰案下記云瑱塞耳詩云充耳充即塞也生時人君用玉臣用象又著詩云充耳以素充耳以黃之等注云所以懸瑱則生時以黃以素又以玉象等爲之示不聽讒今死者直用纊塞耳而已異於生也云纊新綿者案禹貢豫州貢絲纊故知纊新綿對緼是舊絮也

幎目用緇方尺二寸䞓裏著組繫

幎目覆面者也幎讀若詩云葛藟縈之。縈䞓赤也著充之以絮也組繫爲可結也古文幎爲涓（疏）○注幎目至結也○釋曰鄭讀從葛藟縈之。縈者以其葛藟縈于樹木此面衣亦縈於面目故讀從之也云組繫爲可結也者以四角有繫於後結之故有組繫也

握手用玄纁裹長尺二寸廣五寸牢中

旁寸著組繫牢讀爲樓樓。謂削約握之中央以安手也今文樓爲纋旁爲方疏○注牢讀
至爲方。釋曰名此衣爲握以其在手故言握手不謂以手
握之爲握手云牢讀爲樓樓謂削約握之中央以安手也者
經云廣五寸牢中旁寸者則中央廣三寸廣三寸中央又容
四指而已四指指一寸則。四寸四寸之外仍有八寸皆廣五
寸也讀從樓者義取樓斂挾。少之
意云削約者謂削之使約少也

決用正王棘若檡棘組繫纊極二決猶闓也挾弓以橫執弦詩云決拾既佽。正善也王棘與檡棘善理堅刃者皆
可以爲決極猶放弦。也以沓指放弦令不挈也生者以朱韋
爲之而三死用纊又二明不用也古文王爲玉。今文檡爲也。
世俗謂王棘矺鼠疏○注決猶至矺鼠○釋曰云挾弓以橫執弦
者方持弓矢曰挾未射時巳然至射時還依
此法以闓弦故云挾弓以橫執弦也引詩者證決是闓弦之
物云王棘與檡棘者科用其一皆得不謂兼用二者云以沓
指放弦令不挈也者謂以此二者與決爲藉令弦不決挈傷
指耳云生者以朱韋爲之而三者大射所云朱極三者是也
彼但爲君設文引證此士禮則尊卑生時
俱三皆用朱韋死者尊卑同二用纊也

冒緇質長與

手齊經殺掩足冒韜尸者制如直囊上曰質下曰殺質正也其用之先以殺韜足而上後以質韜首而下齊手上玄下纁象天地也喪大記曰君錦冒黼殺綴旁七大夫玄冒黼殺綴旁五士緇冒經殺綴旁三凡冒質長與手齊殺三寸

疏○注冒韜至三尺○釋曰云制如直囊者下經云設冒櫜之故云如直囊云上曰質下曰殺質正也者案此經以冒爲揔目下別云質與殺自相對則知上曰質質正者以其在上故以正爲名引喪大記君與大夫士皆以冒對殺不云質則冒既揔名亦得對殺爲在上之稱皆云綴旁者以其冒無帶又無鈕一定不動故知旁綴質與殺相接之處使相連尊卑降殺而已云其用之先以殺韜足而上後以質韜首而下齊手者凡人著服先下後上又質長與手齊殺長三尺八有短者質下覆殺故後韜質也

爵弁服純衣。謂生時爵弁之服也純衣者纁裳古者以冠名服死者不冠

疏○注謂生至不冠○釋曰云謂生時爵弁之服也者凡襲斂之服無問尊卑皆先盡上服生時服即士之常服以助祭者也云纁裳者士冠禮文云古者以冠名服死者不冠者以死者不冠而經云爵弁皮弁此直取以冠名服不用其冠故云此也

皮弁服皮弁所衣之服也其服白布衣素裳也

疏○注皮弁至裳也○釋曰云皮弁所衣之服也者亦見死者不冠不用皮弁今直取以冠名服是皮弁所衣著之服也知其服白布衣素裳者士冠禮注衣與冠同色裳與屨同色以皮弁白而白屨故士冠禮云素積白屨是也雜記云朝服十五升則皮弁天子朝服服與諸侯朝服同十五升布也褖衣黑衣裳赤緣。謂之褖褖之言緣也所以表袍者也喪大記曰衣必有裳袍必有表不禪謂之一稱古文褖爲緣疏○注黑衣至爲緣○釋曰知此褖衣是黑衣裳者此褖衣則玄端知者以其士冠禮陳三服玄端皮弁爵弁有玄端無褖衣此士喪襲亦陳三服與彼同此無玄端有褖衣故知此褖衣則玄端者也玄端有三等裳此喪禮質畧同玄裳而已但此玄端連衣裳與婦人褖衣同故變名褖衣也若然連衣裳者以其用之以表袍袍連衣裳故也是以雜記云子羔之襲也繭衣裳與税衣纁袡曾子曰不襲婦服彼曾子譏用纁袡不譏其税衣是税衣以表袍故連衣裳而名褖衣引喪大記者欲見褖衣以表袍之意若然雜記云繭衣大記云袍不同者玉藻云纊爲繭緼爲袍鄭云衣有著之異名也其實連衣裳一也云赤緣謂之褖者爾雅文彼釋婦人嫁時褖衣此引之者證此褖衣雖不赤緣褖衣之名同故引爲證也緇帶黑繒之帶疏○注黑繒

之帶○釋曰上雖陳三服同用一帶者以其士唯有此一帶
而已案玉藻云士練帶緇辟是黑繒之帶據裨者而言也但
生時著服不重各設帶此襲
時三服俱著共一帶爲異也

韎韐一命縕韍

疏 ○注一節縕韍○釋曰韎
者據色而言以韎草染之取其赤韐者合韋而爲之故名韎
韐也云一命縕韍者玉藻文但祭服謂之韍他服謂之韠士
一命名爲韎韐亦名縕韍不得直名韍也但士冠禮玄端爵
韠皮弁素韠爵弁服韎韐今亦三服共設韎韐者以其重服
亦如
帶矣

竹笏

笏所以書思對命者玉藻曰笏天子以球玉諸
侯以象大夫以魚須文竹士以竹本象可也又
曰笏度二尺有六寸其中博三寸其殺六分而去一又曰天
子搢珽方正於天下也諸侯荼前詘後直讓於天子也大夫
前詘後詘無所不
讓今文笏作忽

疏 ○注笏所至作忽○釋曰云笏所以
書思對命者亦玉藻文引玉藻者證
天子以下笏之所用物不同及長短廣狹有異言公侯不言
伯子男亦與公侯同案彼鄭云謂之珽珽之言挺然無所屈
也或謂之大圭長三尺或者或玉人職文鄭又云荼讀爲舒
遲之舒舒懦者所畏在前也詘謂圜殺其首不爲椎頭諸侯
唯天子詘焉是以謂笏爲荼大夫前詘後詘無所不讓也鄭
注云大夫奉君命出入者也上有天子下有己君又殺其下

而圍前後皆詘故云無所不讓彼雖不言士士與大夫同

夏葛屨冬、白屨皆繶緇約純組綦繫于踵冬、皮屨變言白者明夏時用葛○亦白也比○皮弁之屨士冠禮曰素積白屨以魁柎之緇約繶純純博寸綦屨係也所以拘止屨也綦讀如馬絆綦之綦

疏○注冬皮至之綦○釋曰云變言白者明夏時用葛亦白也者案士冠禮云屨夏用葛冬、用皮今此變言白者欲互見其義以夏言葛冬當用皮冬言白明夏亦用白又士冠禮云爵弁纁屨素積白屨玄端黑屨以三服各自用屨屨從裳色其色自明今死者重用其服屨唯一故須見色若然三服相參帶用玄端屨用皮弁韎韐用爵弁各用其一以當三服而已云此皮弁之屨者以其色白即所引士冠禮曰素積白屨者爲證是也引緇約繶純者欲解士冠禮繶約純同用緇此經繶雖在緇上明亦用緇可知繶謂條在牙底相接之縫中約在屨鼻純謂緣口皆以條爲之但舄則對方爲繢次屨則比方爲繡次爲異耳云綦屨係也者經云繫于踵則綦當屬于跟後以兩端向前與約相連于脚跗踵足之上合結之名爲繫于踵也云讀如馬絆綦之綦者此無正文蓋俗讀馬有絆名爲綦拘止馬使不得浪去此屨綦亦拘止屨使不縱誕也

庶襚繼

陳不用庶衆也不用不用襚也多陳之爲榮少納之爲貴疏○注庶衆至爲貴○釋曰直云庶襚即上經親者襚庶兄弟襚朋友襚皆是故云庶襚陳謂繼襲衣之下陳之云不用不用襲也者以其繼襲衣而言不用明不用襲至小斂則陳而用之唯君襚至大斂乃用也云多陳之爲榮者庶襚皆陳之是也少納之爲貴者襲時唯用三陳是也

貝三實于笄貝水物古者以爲貨江水出焉笄竹器名疏○注貝水至器名○釋曰自此盡夷槃可也論陳飯含沐浴器物之事此云貝三下云稻米則士飯含用米貝古檀弓云飯用米貝亦據士禮也案喪大記云君沐粱大夫沐稷士沐粱鄭云士喪禮沐稻此云士沐粱蓋天子之士也飯與沐米同則天子之士飯用粱大夫用稷諸侯用粱鄭又云以差率而上之天子沐黍與則飯亦用黍可知但士飯用米不言兼有珠玉大夫以上飯時兼用珠玉也雜記云天子飯九貝諸侯七大夫五士三鄭注云此蓋夏時禮也周禮天子飯含用玉案典瑞云大喪共飯玉含玉雜記云含者執璧彼據諸侯而用璧唯大夫含無文哀十一年左氏傳云公會吳子伐齊陳子行命其徒具含玉示必死者春秋時非正法若趙簡子云不設屬椑之類文五年王使榮叔歸含且賵何休云天子以珠諸侯以玉大夫

以璧士以貝春秋之制也禮緯稽命徵云天子飯以珠含覓未釋周大夫所用以玉蓋亦異代法云貝水物者按書傳云紂囚文王散宜生等於江淮之閒取大貝如車渠以獻于紂遂放文王是貝水物出江水也又云古者以爲貨者漢書食貨志云五貝爲朋又云有大貝壯貝之等以爲貨用是古者以爲貨也知笲是竹器名者以其字從竹又聘禮云夫人使下大夫勞以二竹簋方其實棗蒸栗婚禮婦見舅姑執笲以盛棗栗此雖盛貝不盛棗栗其笲並竹器也

稻米一豆實於筐豆四升

疏○注豆四升○釋曰昭公三年晏子辭

沐巾一浴巾二皆用綌於笲巾所以拭汙垢浴巾二者上體下體異也綌麤葛

疏○注巾所至麤葛○釋曰云浴巾二者上體下體異此士禮上下同用綌按玉藻云浴用二巾上絺下綌彼據大夫以上分別上下爲貴賤故上用細下用麤也

櫛於簞簞葦笥

疏○注簞葦笥○釋曰案曲禮云凡以弓劒包苴簞笥問人者注云圓曰簞方曰笥則是簞笥別此注簞葦笥者舉其類按論語云顏回一簞食注云簞笥也亦舉其類謂若蕡麻與枲麻雄雌異而鄭注云蕡麻枲麻也亦舉其類也

浴衣於篋浴衣已浴所衣

之衣以布爲之○注浴衣至通裁○釋曰知浴衣已浴其制如今通裁疏所衣之衣者下經云浴用巾挋用浴衣是既浴所著之衣用之以晞身明以布爲之云如今通裁者以其無殺即布單衣漢時名爲通裁故舉漢法爲況

皆饌于西序下南上皆者皆具○以下東西牆謂之序中以南謂之堂疏○注皆者至之堂○釋曰謂從序半以北陳之云東西牆謂之序者爾雅釋宮文云中以南謂之堂者諸於序中半以南乃得堂稱以其堂上行事非專一所若近戶即言戶東戶西若近房即言房外之東房外之西若近楹即言東楹西楹若近序即言東序下西序下若近階即言東階西階若自半以南無所繼屬者即以堂言之即下文淅米于堂是也其實戶外房外皆是堂故論語云由也升堂矣未入于室是室外皆名堂也

儀禮疏卷第三十五 元缺卷今補依要義分

大清嘉慶二十[illegible]
用宋[illegible]藏本校

江西督糧道王賡言廣豐縣知縣阿應鱗栞

儀禮注疏卷三十五挍勘記　阮元撰盧宣旬摘録

士喪禮第十二

喪於五禮屬凶　凶下集釋有禮字

亡則以緇長半幅　毛本半誤作百

士喪禮

疾時處北墉下　毛本墉作牖釋文集釋俱作牖陸氏曰本又作墉徐本通典通解敖氏俱作墉

死而遷之當牖下　徐陳釋文通典集釋通解楊敖同毛本當作南○按室制南有牖而北無牖或亦有之謂之向毛詩傳及說文皆云向北出牖也故既夕記作北墉下喪大記作北牖下若作北牖則近室之牖宜稱南以別之若作北墉則不必言南牖也據疏內稱南牖北牖者非一似可兩通

大斂所并用之衾　通典無并字

必皆於正處也　皆通解作歸○按喪大記作皆不作歸

疾時處北墉下死而遷之當牖下　毛本墉作牖當作南要義牖作墉南作當

並與徐本注合

復者一人

當十有二人也　十有二字誤倒

識之而來反　反下衍衣字

故復者皆朝服也　監本要義同毛本無朝字

鄭鞠衣展衣褖衣至褕狄　許宗彥云當作鄭注云用稅衣上至褕狄

孤之妻與九嬪　毛本嬪作殯盧文弨改殯爲嬪

若凡常衣服　要義同毛本常下有時字

受用篋 篋唐石經徐本通解楊敖俱作篋釋文集釋毛本俱作篋陸氏曰本或作篋石經考文提要定作篋云喪大記注司服以篋待衣于堂前可證

復者降自後西榮

降因徹西北厞 釋文云厞扶未反本或作扉音非

而鬆之 通解要義楊氏俱同毛本而作用○按喪大記作用毛本是也

楔齒用角柶

爲將含 釋文曰含本亦作唅後放此

恐其口閉急也 急楊氏作結

綴足用燕几

爲將屨 徐陳通典集釋通解楊氏同毛本屨作履

又按周禮天官玉府禮要義作官

奠脯醢醴酒此節疏內此始死俱言之下脫脯醢二字

奠脯至尸東要義有此五字按此本殘缺每節標目皆無可考要義偶有此五字故錄之

乃赴于君

赴告也告上敖氏有走字鍾本告作古誤按敖氏葢据旣夕注增入

入坐于牀東毛本牀誤作堂

是其衆主人直言在其後要義無是其二字

親者在室

父兄姑姊妹子姓在此者在上楊氏有之字

謂大功以上此句下要義有者以大功以上六字毛本無

君使人弔

掌三公孤卿之弔勞　此句下要義有鄭云王使往五字毛本無○按五字當有

有寢門者外門者　要義無外門者三字毛本有○案似當作知寢門非外門者

主人哭拜稽顙成踊

凡九踊也　此句下要義有喪服小記爲父母長子稽顙大夫弔之雖緦必稽顙者三廿一字蓋從他書錄入非疏文

君使人襚

按左傳隱元年　要義同毛本隱下有公字

主人拜如初○升降自西階　自下徐本有階字　○即位于西階下　于唐石經徐陳集釋通解楊敖俱作于毛本作如

親者襚

謂大功兄弟陳本無弟字閩本弟字擠入

庶兄弟襚○委衣于尸東牀上尸閩葛俱誤作戶

即衆兄弟也即通典作則

朋友襚

親之恩也通典重親字

爲銘

大夫之所建也夫下通典集釋敖氏俱有士字○按據周禮司常注則士字當有

無旌徐本通典集釋通解楊氏同毛本旌作旗

今文銘皆爲名末爲旆也毛本末作未徐本集釋未作末通解末爲二字未刻餘與徐本

同案未乃末字之誤

此引證銘旌者要義同毛本證銘作銘證

云無旌旌要義作旍與徐本注合毛本作旗

下曲禮文要義同毛本無下字

竹杠長三尺置于宇西階上敖氏曰宇屋檐也不宜與西階上連文宇字葢因于字而衍也周官小祝職鄭司農注引此無宇字蒲鏜云記檀弓設披節疏引此亦無宇字敖言是也○按先鄭本或與後鄭異檀弓疏所引自據小祝注爾

甸人掘坎于階閒

皆是有司屬吏之等毛本無是字要義有

新盆槃瓶廢敦重鬲盆通典作瓮注及下同

槃承渜濯 張氏曰監本渜誤作澐案釋文渜奴亂反從釋文及諸本

鬲將縣重者也 徐本敖氏同通典集釋楊氏毛本縣下有於字張氏曰釋文前重字注云於重同則此重字上有於字從釋文

此時先用煮沐潘 要義同毛本沐潘作潘沐

陳襲事于房中

讀爲縪縪屈也 徐本集釋通解楊氏同毛本敖氏不重縪字

江沔之閒 釋文云沔音緬水名也一本作沱大何反江別爲沱

於戶東西領南上 戶閩本誤作尸南上要義作西鄉

鬠笄用桑

皮弁笄爵弁笄 要義同毛本無上笄字

布巾環幅不鑿

及其巾而已徐本同集釋通解毛本及俱作反張氏曰注曰及其巾而已案疏及作反從疏○按通典亦作反

掩練帛廣終幅毛本廣誤作纊○長五尺五陳閩葛本俱誤作伍

掩裹首也也通典作者

爲將結於頤下於徐本作放

又還結於項巾張氏曰注曰又還結于項巾按監杭本毛本巾作中從監杭本

瑱用白纊

對緼是舊絮也要義同毛本絮作綿

幎目用緇

讀若詩云葛藟縈之縈 云徐本聶氏集釋通解楊氏俱作云毛本作曰之字徐本通解俱不重聶氏集釋楊敖毛本俱重

爲可結也古文幎爲涓 下五字毛本脫徐本集釋通解俱有○按釋文出爲涓二字

鄭讀從葛藟縈之縈者 之字要義不重與徐本注合本重

握手用元纁裏

牢讀爲樓 案尒疋釋詁摟聚也釋文云摟从手本或作樓非然則此注樓字亦當从手說文手部摟曳聚也又毛詩角弓式居婁驕箋云婁斂也婁與摟古字通

樓謂削約握之中央 毛本謂作爲徐本通典聶氏集釋通解楊敖俱作謂與疏合

今文樓爲纋 樓集釋作牢按鄭既讀牢爲樓因曰今文樓爲纋纋少牢上佐食以綏祭注云綏或爲挼挼讀爲墮古文墮爲肵與此同例

義取樓斂挾少之意 毛本樓誤作縷挾浦鏜改約盧文弨改狹

浹用正王棘

浹拾既次 徐本同集釋通解楊氏毛本次俱作佽

極猶放弦也 通典聶氏俱無弦字金曰追云大射儀朱極三注極猶放也無弦字則有者誤衍也

令不挈也 釋文曰挈苦結反劉本作契苦計反案徐本挈下無指字與疏合釋文通典聶氏毛本俱有

古文王為玉 王徐本集釋俱作玉通解毛本作三

今文櫟為也 櫟為也徐本作澤為也毛本集釋通解俱作櫟為澤張氏曰注曰今文澤為也案杭本云櫟為澤從杭本○按也疑宅字之誤

云王棘與櫟棘者 毛本櫟誤作櫟

冒緇質

君錦冒黼殺　徐陳集釋通解楊敖同毛本錦作綿○按喪大記作錦徐本是

大夫元冒黼殺　黼楊氏作黻張氏曰監杭本黼作黻巾箱嚴本之爲黼其以禮記喪大記之文乎禮器曰君黼大夫黻喪大記之本蓋誤也從監杭本

綴旁三　三敖氏作二

爵弁服純衣

謂生時爵弁之服也　毛本弁下有所衣二字徐本通典集釋俱無與疏合通解楊氏俱有○按釋文所衣注云下所衣同是爲此節作音也

褖衣

黑衣裳赤緣謂之褖　徐本通典同毛本謂之作之謂集釋通解楊氏之謂下俱復有之字張氏曰注曰黑衣裳赤緣謂之褖案釋文云緣之則緣下有之字從釋文○按張氏但言緣下有之字不言謂下無之字

黃楊二家俱得之今本誤會張意遂删去下之字

不禪　徐本集釋通解楊氏同毛本禪作襌

以其士冠禮陳三服　要義楊氏同毛本士下有是字

竹笏

天子以球玉　球徐本楊氏俱作球釋文集釋通解毛本俱作璆盧文弨云玉藻文本作球下搢珽依玉藻此璆亦當作球

天子搢珽　珽釋文作珵云本又作珽同張氏曰監本作珵○按說文有珽無珵

舒懦者　陳本通解同毛本懦作儒

夏葛屨○皆繶緇絇純　張氏曰釋文云緇純中無絇字鄭氏注周禮屨人全引此文亦無絇字鄭氏又云言繶必有絇純言絇亦有繶純今之有絇字後人加之也從釋文○按疏有絇字

明夏時用葛亦白也集釋重葛字無也字

比皮弁之屨徐本楊氏同集釋通解敖氏毛本比俱作此張氏曰監杭本作此從監杭本

貝三實于筭

但士飯用米要義同毛本米作稻

哀十一年左氏傳云毛本哀下有公字要義無下文文公同

沐巾一

巾所以拭汗垢汗徐陳葛本通典集釋楊氏俱作汚

櫛於簞於唐石經徐陳閩葛釋文通典集釋通解要義楊敖俱作於毛本作用

簞葦笥葦徐陳釋文通典集釋通解楊氏俱從艸毛本從竹

皆饌于西序下

皆具以下　徐陳集釋通解楊氏同毛本具作貝張氏曰上文云貝三𥁕自貝三以下皆饌于西序傳寫者誤以貝爲具後經云受具按諸本亦作貝

儀禮注疏卷三十五挍勘記終　奉新余成教挍

儀禮疏卷第三十六

唐朝散大夫行大學博士弘文館學士臣賈公彥等撰

管人汲不說繘屈之管人有司主館舍者不說繘將以就祝濯米屈縈也疏○注管人至縈也○釋曰自此盡明衣裳論沐浴及寒尸之事云不說繘屈之者以其喪事遽則知吉尚安舒汲宜說之矣云管人有司主館舍者士既無臣所行事者是府史故知管人是有司也聘禮記云管人爲客三日具沐五日具浴此爲死者故亦使之汲水也云不說繘將以就祝濯米者以下經云祝淅米明此管人將以就堂授祝濯米可知

祝淅米于堂南面用盆祝夏祝也淅汏也疏○注祝夏至汏也○釋曰知是夏祝者見下記云夏祝淅米差盛之是也

管人盡階不升堂受潘煑于垼用重鬲盡階三等之上喪大記曰管人受沐乃煑之甸人取所徹廟之西北厞薪用爨之疏○注盡階至爨之○釋曰云盡階者三階上也云用重鬲者以其先煑潘後煑米爲鬻懸于重故煑潘用重鬲

也云取所徹廟之西北厞薪用爨之者此薪即復人降自西北榮所徹者也**祝盛米于敦奠于貝北**復於筐處【疏】○注復於筐處○釋曰敦即上廢敦也云復於筐處者向末漸貫于筐令漸訖盛于敦所置之處還於筐所以擬斂之所用也**士有冰用夷槃可也**謂夏月而君加賜冰也夷槃承尸之槃喪大記曰君設大槃造冰焉大夫設夷槃造冰焉士併瓦槃無冰設牀襢第有枕【疏】○注謂夏至有枕○釋曰謂夏月者以周禮凌人職云夏頒冰據臣而言月令二月出冰據君爲說云而君加賜冰也者喪大記云士無冰用水此云有冰明據士得賜者也云夷槃承尸之槃者案喪大記注禮自仲春之後尸既襲既小斂先內冰槃中乃設牀於其上不施席而遷尸焉秋涼而止是也引喪大記已下欲證士有賜乃有冰又取用冰之法案彼注造猶內夷槃小焉箭爲簀謂無席如浴時牀也特欲通冰之寒氣若然凌人云大喪共夷槃冰則天子有夷槃鄭注凌人云漢禮器制度大槃廣八尺長丈二尺深三尺漆赤中諸侯稱大槃辟天子其大夫言夷槃此士喪又用夷槃卑不嫌但小耳故鄭云夷槃小焉**外御受沐入**外御小臣侍從者沐管人所煑潘也【疏】○注外御至潘

也。釋曰此云外御者對内御爲名故下記云其母之喪則内御者浴則此外御是士之侍御僕從者故尚書冏命云今予命汝作大正正于羣僕侍御之臣此雖無臣亦有侍御僕從者也知沐管人所煮潘也者以其上文管人煮潘此外御受沐入明所受之於管人也

主人皆出戸外北面

象平生沐浴倮裎子孫不在旁主人出而襢笫

疏。注象平至襢笫。釋曰云象平生沐浴裸裎者裸謂赤體裎猶袒也將浴尸裸袒無衣故子孫不在旁主人出也下記云御者四人抗衾而浴鄭云抗衾爲其倮裎蔽之也以浴尸時袒露無衣故抗衾以蔽之也云而襢笫者又下記云襢笫鄭云襢袒也袒簀去席盝水便是也

乃沐櫛挋用巾

挋晞也清也古文挋皆作振

疏。注挋晞至作振。釋曰挋謂拭也而云晞也清也者以其櫛訖又以巾拭髮乾又使清淨無潘櫛拭訖仍未作紒下文待蚤揃訖乃鬠用組是其次也

浴用巾挋用浴衣

用巾用拭之也喪大記曰御者二人浴浴水用盆沃水用枓

疏。注用巾至用枓。釋曰枓酌水器受五升方有柄今用大鉋不方用挹盆中水以沃尸又案喪大記浴水用盆沃水用枓沐用瓦盆明沐浴俱有盤及枓此沐浴盤枓亦皆有也

引喪大記者證人之數及浴之器物也

澳濯棄于坎

沐浴餘潘水巾櫛浴衣亦并棄之古文澳作緣。荆沔之開語

疏 ○注沐浴至開語。釋曰潘水既經溫煑名之爲澳已將沐浴謂之爲濯已沐浴訖餘潘水棄于坎知巾櫛浴衣亦棄之者以其已經尸用恐人褻之若棄杖者棄于隱者故知亦棄于坎云古文澳作緣荆沔之開語者禹貢云荆河惟豫州則鄭見豫州人語澳爲緣是以古文誤作緣也

蚤揃如他日

蚤讀爲爪斷爪揃鬚也人君則小臣爲之他日平生時

疏 ○注蚤讀至生時。釋曰鄭讀蚤從爪爪者此蚤乃是詩云其蚤獻羔祭韭古早字鄭讀從手爪之爪知人君則小臣爲之者喪大記云小臣爪足注云爪足斷足爪是也

鬠用組乃笄設明衣裳

用組組束髮也古文鬠皆爲括

疏 ○注用組至爲括。釋曰鬠紒乃可設明衣以蔽體是其次也

主人入即位

已設明衣可以入也

疏 ○釋曰自此盡反位論布襲衣裳并飯含之事

商祝襲祭服褖衣次

商祝祝習商禮者商人教之以敬於接神宜襲布衣牀上祭服爵弁服皮弁服皆從君助祭之服大蜡有皮弁素服而祭送終之禮襲衣於牀牀次

含牀之東衽如初也喪大記曰含一牀襲一牀遷尸於堂又一牀【疏】○注商祝至一牀○釋曰云商祝祝習商禮者雖同是周祝仰習夏禮則曰夏祝仰習商禮則曰商祝也云商人教之以敬於接神宜者案表記云殷人尊神率民以事神尊而不親言尊敬故知殷人教以敬是以使之襲於接神宜若然此篇及既夕以夏人教忠從小斂奠大斂奠及朔半薦新祖奠大遣奠皆是夏祝爲之其開雖不言祝名亦夏祝可知其徹之者皆不言祝名則周祝徹之也殷人教以敬但是接神皆商祝爲之其閒行事若祝取銘之類不言祝名者亦周祝可知雖既夕開殯時以周祝徹饌而堂下二事不可並使周祝故夏祝取銘置于重案周禮有大祝小祝喪祝詛祝何祝此篇及既夕言夏祝商祝周禮以喪祝行事皆當喪祝者也天子以下喪禮云亦當喪祝行事也云襲布衣牀上者喪大記云襲一牀故知襲時布衣牀上也此雖布衣未襲待飯含訖乃襲下經爲次是也云祭服爵弁服皮弁服皆從君助祭之服者以其爵弁從君助祭宗廟之服雜記云士弁而祭于公是也皮弁從君聽朔之服玉藻云皮弁以聽朔於大廟是也云大蜡有皮弁素服而祭送終之禮也者郊特牲文引之者證皮弁之服有二種一者皮弁時白布衣積素爲裳是天子朝服亦是諸侯及臣聽朔之服二者皮弁時

衣裳皆素葛帶榛杖大蜡時送終之禮凶服也此士之襲及士冠所用聽繭者不用此素服引者欲見郊特牲皮弁素服是大蜡送終之服非此襲時所用者也知襲衣於牀牀次含牀之東者以其死于北墉下遷尸于當牖下沐浴而飯含引大記云含一牀襲一牀遷尸于堂又一牀者喪事所以即遠故知襲牀次含牀之東云衽如初也者衽臥席下莞上簟彼一牀之下又云皆有枕席君大夫士一也故知衽如初含時也

主人出南面左袒扱諸面之右盥于盆上洗貝執以入宰洗柶建于米執以從

俱入戶西鄉也今文宰不言執

疏○注俱入至言執○釋曰云扱諸面之右者面前也謂袒左袖扱於左腋之下帶之內取便也云洗貝執以入者洗訖還於笄內執以入云宰洗柶建于米者亦於廢敦之內建之鄭知俱入戶西鄉者以下經始云主人與宰牀西東面故知此時西鄉也

商祝執巾從入當牖北面徹枕設巾徹楔受貝奠于尸西

當牖北面值尸南也設巾覆面爲飯之遺落米也如商祝之事位則尸南首明矣

疏○注當牖至明

矣○釋曰云受貝者就尸東主人邊受取笄貝從尸南過與尸西牀上以待主人親含也鄭云當牖北面值尸南也者知尸當牖者見既夕記設牀第當牖衽下莞上簟遷尸於上是尸當牖今言當牖北面故知值尸南可知云設巾覆面爲飯之遺落米也者但士之子親含發其巾不嫌穢惡今設巾覆面者爲飯時恐有遺落米在面上故覆之也云如商祝之事位則尸南首明矣者舊有解云遷尸於南牖時北首若北首則祝當在北頭而南鄉以其爲徹枕設巾要須在尸首便也今商祝事位以北面則尸南首明矣若然未葬已前不異於生皆南首檀弓云葬于北方北首者從鬼神尚幽闇鬼道事之故也雖有喪朝廟時北首順死者之孝心故北首也

主人由足西牀上坐東面

不敢從首前也祝受貝米奠之口實不由足也

疏○注不敢至足也○釋曰云祝受貝米奠之口實不由足也者前文祝入當牖北面是由尸首故受主人貝奠之弁受米奠于尸西故主人空手由足過以其口實不可由足恐褻之故也

祝又受米奠于貝北宰從立于牀西在右

米在貝北便扱者也宰立牀西在主人之右當佐飯事

疏○注米在至飯事○釋曰云米在貝北便

扱者以其祝先奠貝于尸西祝又受米從首西過奠于貝南
便矣今不於貝南奠之而奠于貝北故云便主人之扱也云
宰立牀西在主人之右當佐飯事者此不敢取爵辭自右
之義宜以米在主人之右故宰亦在右故云當佐飯事也主
人左扱米實于右三實一貝左中亦如之又〇
實米唯盈于右尸口之右唯盈取滿而已疏〇注于右至而已〇釋曰云于右尸口之右者以經左右及
尸南首云右謂口東邊也云唯盈取滿而已者以經左右及
中各三扱米更云實米唯盈則九扱恐不滿是以重云唯盈
也主人襲反位襲復衣也位在尸東疏〇注襲復至尸東〇釋曰云襲復衣也者以其
鄉袒則露形今云襲是復著衣故云復衣知位在商祝掩
尸東者以其鄉者在尸西今還尸東西面位也
瑱設幎目乃屨綦結于跗連約掩者先結頤下既瑱幎目乃還結項
也跗足上也約屨飾如刀衣鼻在疏〇注掩者至坼也〇
屨頭上以餘組連之止足坼也釋曰自此盡于坎論
襲尸之事云掩者先結頤下既瑱幎目乃還結項也者經先
言掩後言瑱與幎目鄭知後結項者以其掩有四腳後二腳

先結頤下無所妨故先結之若即以前二脚向後結于項則掩於耳及面兩邊瑱與幎目無所施故先結頤下待設瑱塞耳并施幎目乃結項後也云跗足上也者謂足背也云絇屨飾如刀衣鼻在屨頭上者以漢時刀衣鼻況絇在屨頭上以其皆有孔得穿繫于中而過者也若無絇則謂之緹屨是以鄭注周禮緹鞻氏云緹屨者無絇之屝云以餘組連之者以其綦繫既結有餘組穿連兩屨之絇使兩足不相恃離故云止足坼也

乃襲三稱

遷尸於襲上而衣之凡衣死者左衽不紐襲不言設牀又不言遷尸於襲上以其俱當牖無大異

疏 ○注遷尸至大異○釋曰云遷尸於襲上而衣之者以其上文已布衣於含東牀上而未襲今已飯含訖乃遷尸以衣著於尸故云遷尸於襲上而衣之也云凡衣死者左衽不紐者案喪大記云小斂大斂祭服不倒皆左衽結絞不紐注云左衽衽鄉左反生時也云襲不言設牀又不言遷尸於襲上以其俱當牖無大異者此對大斂小斂布衣訖皆言遷尸於斂上以其小斂于戸内大斂于阼階其處有異故也此襲牀與含牀並在南牖下小別而已無大異故不言設牀與遷尸也若然疾者於北墉下廢牀始死遷尸於南牖即有牀故上文主人入坐於牀東主婦牀西以其夏即寒尸置冰於尸牀之下雖不言設牀有牀可知

故將飯含祝以米貝致於牀西也大記唯言含一牀襲一牀大斂不言牀者以大小斂衣裳多陳於地故不言牀襲衣裳少含時須濡水又須寒尸故並須牀也此士襲三稱小斂十九稱大斂三十稱案雜記注云士襲三稱子羔襲五稱今公襲九稱則尊卑襲數不同矣諸侯七稱天子十二稱與以無正文故云與以疑之喪大記云小斂十有九稱尊卑同大斂君百稱五等同大夫五十稱以下文士三十稱天子諸侯卿大夫士命數雖殊稱數亦等三公宜與諸侯同

明衣不在筭筭數也不在數明衣襌衣不成稱也

疏○注筭數至稱也○釋曰云不在數明衣襌衣不成稱也者喪大記云袍必有表不襌衣必有裳謂之一稱其褖衣雖襌以袍爲表故云稱明衣襌而無裏不成稱故不數也

設韐帶搢笏韐帶韎韐緇帶不言韎緇者省文亦欲見韐自有帶韐帶用革搢插也插衣帶之右旁古文韐爲合也

疏○注韐帶至合也○釋曰云韐帶韎韐緇帶者案上陳服之時有韎韐有緇帶故云是韎韐緇帶也云不言韎緇者省文亦欲見韐自有帶者本正言韎韐帶亦同得爲省文今言韎韐者用革帶也以其生時緇帶以束衣革帶以佩韍王之等生時有二帶死亦備此二帶是以雜記云朱緣帶申加大帶於上注云朱緣帶

者襲衣之帶飾之雜以朱綠異於生也此帶亦以素爲之申重也重於革帶也革帶以佩韍必言重加大帶者明雖有變必備此二帶是也案玉藻云雜帶君朱綠大夫玄華士緇辟又案雜記云率帶諸侯大夫皆五采士二采注云此謂襲尸之大帶也以此而言生時君大夫二色今死則加以五采士生時一色死更加二色是異於生若然又雜記朱綠帶注云朱綠帶者襲衣之帶飾之雜以朱綠異於生也此帶亦以素爲之彼是帶衣之帶非大帶諸侯禮則士大夫亦宜有之此不言文不具也但人君衣帶用朱綠與大帶同此則大夫士飾與大帶同也云搢插也插於帶之右旁者以右手取之便故也

設決麗于掔自飯持之設握乃連掔

麗施也掔手後節中也飯大擘指本也決以韋爲之籍有彄彄內端爲紐外端有橫帶設之以紐擐大擘本也因沓其彄以橫帶貫紐結於掔之表也設握者以綦繫鉤中指由手表與決帶之餘連結之此謂右手也古文麗亦爲連掔作捥○

疏注麗施至作捥○釋曰云決以韋爲之籍有彄彄內端爲紐外端有橫帶者以下當大擘本鄉掌爲內端屬紐子鄉手表爲外端屬橫帶也云設之以紐擐大擘本也因沓其彄以橫帶貫紐結於掔之表也者以鄭言之大指短其著之先以紐擐

大擘本然後因沓其彄於指乃以橫帶繞手一二貫紐反向手表結之鄭雖云結于掔之表且內於帶閒未即結此橫帶即上紐繫是也云設握者以綦繫鉤中指由手表與決帶之餘連結之者案上文握手長尺二寸裹手一端繞於手表必重宜於上掩者屬一繫於下角乃以繫繞手一帀當手表中指向上鉤中指又反而上繞取繫鄉下與決之帶餘連結之云此謂右手也者以其右手有決今言與決同結明是右手也下記所云設握者此謂左手鄭云手無決者也

設冒櫜之幠用衾櫜韜盛物者取事名焉衾者始死時斂衾今文櫜為櫜疏○注櫜韜至為櫜○釋曰云取事名焉者此本名冒而云櫜櫜是韜盛之名今以此冒櫜盛尸故名為櫜是取盛物之事名焉云衾者始死時斂衾者篇首始死云幠用斂衾注云大斂之衾今雖襲訖乃用大斂衾以其襲時無衾小斂之衾陳之與前未襲同不言斂衾單言衾是斂衾可知故不言也

巾柶鬠蚤埋于坎坎至此築之也將襲辟奠既則反之疏○注坎至至反之○釋曰云坎至此築之也者上文直云渜濯棄于坎不言埋以其未築故也至此言埋者事訖當築之故也必至此乃築之者以其斂事遽無暇即埋又慮更有須埋者故至此覆尸訖乃埋之前為

坎者是甸人也則此埋之亦甸人也云將襲辟奠既則反之者言此者以初死脯醢醴酒之奠爾來不言恐不知所安之處但始死設于尸東方襲事必當辟之襲訖反之於尸東以其不可空無所依故也案下記云小斂辟奠不出室彼還是襲奠辟小斂則此辟襲奠亦不出室仍不言處大斂時辟小斂奠于序西南則此宜室西南隅至大斂辟小斂奠則言于序西南有文可知也若然此奠襲後因名襲奠故下鄭注云將小斂則遂襲奠

重木刊鑿之甸人置重于中庭參分庭一在南

木也縣物焉曰重刊斲治鑿之爲縣簪孔也士重木長三尺

〔疏〕○注木也至三尺○釋曰自此至于重論設重之事云木也縣物焉曰重者解名木爲重之意以其木有物縣於下相重累故得重名云鑿之爲縣簪孔也者下云繫用靲用靲内此孔中云簪者若冠之笄謂之簪使冠連屬於紒此簪亦相連屬於木之名也云士重木長三尺者鄭言士重木長三尺則大夫以上各有等當約銘旌之杠士三尺大夫五尺諸侯七尺天子九尺據竪之者横者宜半之鄭不言大夫以上無正文故也

夏祝鬻餘飯用二鬲于西牆下

夏祝祝習夏禮者也夏人教以忠其於養宜鬻

餘飯以飯尸餘米爲鬻也重主道也士二鬲則大夫四諸侯六天子八與簋同差【疏】〇注夏祝至同差〇釋曰云于西牆下者西牆下有竈即上文甸人爲塈是也云夏人敎以忠其於養宜者案禮記表記云夏道尊命敬神而遠之近人而忠焉書傳略說亦云夏后氏主敎以忠是夏人敎以忠也曲禮云君子不盡人之歡不竭人之忠鄭云歡謂飲食忠謂衣服若忠不對歡忠亦飲食故此飲食使夏祝忠者養宜也前商祝奠米飯米夏祝徹之今乃鬻之而盛於鬲是以下記云夏祝徹餘飯注云徹去鬻是也云重主道也者檀弓文彼注云始死未作主以重主其神也即是虞祭之後以木主替重處故云重主道也引之者證此重是木主之道也云士二鬲則大夫四諸侯六天子八與簋同差者亦無正文鄭言之者以其同盛黍稷故知同差也案特牲用二敦少牢用四敦同姓之大夫士用簋故皆以簋言之明堂位云周之八簋詩云陳饋八簋皆天子禮自上降殺以兩明諸侯六祭統諸侯禮而云四簋黍見其脩於廟中也二簋留陽厭不用餕故不言也

冪用疏布久之繫用靲縣于重冪用葦席北面左衽帶用靲賀之結于後久讀爲灸謂以蓋塞鬲口

也幹竹簭也以席覆重辟屈而反兩端交於後左衽西端在上賀加也今文冪皆作密〔疏〕○注久讀至作密○釋曰云冪用疏布久之者鄭久讀爲灸灸塞義謂直用麤布蓋冪口爲塞也云幹竹簭也者案顧命云牖閒南嚮敷重篾席即此幹簭一也謂竹之青可以爲繫者云以席覆重辟屈而反兩端交於後後左衽西端在上者據人北面以席先於重北面南掩之然後以東端爲下向西西端爲上向東是爲辟屈而反兩端交於後爲左衽右衽然後以簭加束之結於後也

祝取銘置于重祝習周禮者也〔疏〕○釋曰以銘未用待殯訖乃置於肂今且置於重必且置于重者重與主皆是録神之物故也

厥明陳衣于房南領西上綪絞横三縮一廣終幅析其末綪屈也絞所以收束衣服爲堅急者也以布爲之縮從也横者三幅從者一幅析其末者令可結也喪大記曰絞一幅爲三〔疏〕○注綪屈至爲三○釋曰自此盡東柄論陳小斂衣物之事云厥明者對昨日始死之日爲厥明此陳衣將陳并取以斂皆用篋是以喪大記云凡陳衣者實之篋取衣者亦以篋升降者自西階是也云絞所以收束衣服爲堅急者此捴解大小斂之絞若細而分

之則別故鄭注喪大記云小斂之絞也廣終幅析其末以爲堅之強也大斂之絞一幅三析用之以爲堅之急也云以布爲之知者下記云凡絞紟用布倫如朝服注云倫比也此絞直言從橫幅數不言長短者人有短長不定取足而已引喪大記證絞爲三析之事

緇衾赬裏無紞紞被識也斂衣或倒被無別於前後可也凡衾制同皆五幅〔疏〕○注紞被至幅也○釋曰云斂衣或倒者案下文云祭服不倒則餘服有倒者皆有領可記也云被無別於前後可也者被本無首尾生時有紞爲記識前後恐於後互換死者一定不須別其前後可也云凡衾制同皆五幅也者此無正文喪大記云紟五幅無紞衾是紟之類故知亦五幅

祭服次爵弁服皮弁服〔疏〕○注爵弁服皮弁服○釋曰凡陳斂衣先陳絞紟於上次陳祭服於下故云祭服次至大斂陳衣亦先陳絞紟衾次陳君襚祭服所以然者以絞紟爲裹束衣故皆絞紟爲先但小斂美者在內大斂美者在外故小斂先布散衣後布祭服大斂則先布祭服後布散衣是小斂美者在內大斂美者在外也襲時美者在外是三者相變也

散衣次褖衣以下袍繭之屬〔疏〕○注褖衣至之屬○釋曰袍繭有著之異名同入散衣之屬也

凡十有九稱

祭服與散衣（疏）○釋曰士之服唯有爵弁皮弁褖衣而已云十九稱當重之使充十九必十九者案喪大記小斂衣十有九稱君陳衣于序東大夫士陳衣于房中注云衣十有九稱法天地之終數也則天子以下皆同十九稱言法天地之終數者天地之初數天一地二終數則云天九地十人在天地之間而終故取終數爲斂衣稱數尊卑共爲一節也

陳衣繼之庶襚（疏）○注庶襚○釋曰知庶襚者以其襲時陳衣訖乃云庶襚繼陳不用此亦陳衣訖乃云陳衣繼之明亦是庶襚

不必盡用取稱而已不務多（疏）○釋曰襲時言庶襚繼陳則全不用此陳衣繼之下云不必盡用則兼用之不必盡而已以其小斂用衣多主人自盡不足故容用之也云取稱而已不務多者衣服雖多不得過十九耳

饌于東堂下脯醢醴酒

冪奠用功布實于簞在饌東功布鍛濯灰治之布也凡在東西堂下者南齊坫古文奠爲尊（疏）○注功布至爲尊○釋曰知功布鍛濯灰治之布者案喪服傳云冠六升鍛而勿灰七升巳下鍛濯灰治之是以殤大功章云大功布衰裳注云大功布者其鍛治之功麤治之則此云功布者大功之布故云鍛

濯灰治之也云凡在東西堂下者南齊坫知者既夕記云設棜于東堂下南順齊于坫饌于其上兩甒醴酒若然則凡設物於東西堂下者皆南與坫齊北陳之堂隅有坫以土爲之或謂堂隅爲坫也

設盆盥于饌東有巾

爲奠。設盥也喪事畧故無洗也

疏 ○注爲奠至洗也○釋曰云爲奠設盥也者謂爲設奠人設盥洗及巾云喪事畧故無洗也直以盆爲盥器也下云夏祝及執事盥執醴先酒即是於此盥也但諸文設洗篚者皆不言巾至於設洗篚不言巾者以其設洗篚篚內有巾可知故不言凡不就洗篚皆言巾者既不就洗篚恐揮之不用故言巾是以特牲少牢尸尊不就洗篚及此喪事畧不設洗篚皆見巾是也

苴絰大鬲下本在左要絰小焉散帶垂長三尺牡麻絰右本在上亦散帶垂皆饌于東方

苴絰斬衰之絰也苴麻者其貌苴以爲絰服重者尚麤惡絰之言實也鬲搤也中人之手搤。圍九寸絰帶之差自此出焉下本在左重服統於內而本陽也要絰小焉五分去一牡麻絰者齊衰以下之絰也牡麻絰者其貌易服輕者宜差好也右本在上輕服本於陰而統於外散帶之垂者用子之道文多變也饌于東方東坫之南苴絰爲上○注苴絰至爲上○釋曰此陳絰帶者以其小斂訖當服未成服之麻故也云亦散帶垂者不言尺寸亦與苴絰同垂三尺云苴絰斬衰之絰也者案喪服斬衰章云喪服斬衰裳苴絰杖故知此苴絰斬衰之絰云苴麻者其貌苴以爲絰者案禮記間傳云斬衰貌若苴彼據人之形貌若苴麻明麻之形貌亦苴可知故此指麻之貌苴者以爲絰云服重者尙麤惡者對齊衰已下服輕不尙麤惡故間傳云齊衰貌若枲大功貌若止是不尙麤惡也云絰之言實也者檀弓云絰也者實也鄭注喪服云明孝子有忠實之心是明孝子之心與服相稱不虛服此服也云鬲搤也中人之手搤圍九寸者此無正文喪服及此皆言苴絰大鬲鬲是搤物之稱故據中人一搤而言大者據大拇指與大巨指搤之故言大也云絰帶之差自此出焉者案喪服傳云苴絰大搤左本在下去五分一以爲帶齊衰之絰斬衰之帶也自此斬衰之帶差至緦麻之帶故云絰帶之差自此出焉云下本在左重服統於內而本陽也者謂斬衰統於內以解本在下而本陽以解在左對齊衰之絰右本在上輕服本於陰而統外案雜記云親喪外除鄭云日月已竟而哀未忘兄弟之喪內除注云日月未竟而哀已殺此言統內統外者亦據哀在內外而言本陽本陰者

亦據父者子之天爲陽母者子之地爲陰而言也云要絰小焉五分去一者亦據喪服傳而言首絰圍九寸五分之五寸正去一寸得四寸餘四寸每寸爲五分四寸爲二十分去四分得十六分取十五分爲三寸餘一分在揔得七寸五分寸之一彼傳因即分之至緦麻云齊衰之絰斬衰之帶也以其俱七寸五分寸之一又去五分一以爲帶七寸取五寸去一寸得四寸彼○二寸一寸爲二十五分二寸爲五十分一分爲五分添前爲五十五分揔去十一分餘有四十四分二十五分爲一寸添前四寸爲五寸仍有十九分在是齊衰之帶揔有五寸二十五分寸之十九彼又云大功之絰齊衰之帶以其俱五寸二十五分寸之十九又去五分一以爲帶五寸去一寸得四寸餘二十五分寸之十九者一分爲五分十分爲五十分又九分者爲四十五分添前五十揔爲九十五分去一者五十去十四十五去九揔得七十六據整寸破之而言此四寸百二十五分寸之七十六以爲小功之絰大功之帶以下仍有小功之帶但小功之帶以小功之絰又五分去一下至緦麻之帶皆以五倍破寸計之可知耳云牡麻絰者齊衰以下之絰也者案喪服齊衰大功皆言牡麻絰小功又言澡麻則齊衰以下皆牡麻絰傳曰牡麻者枲麻也對苴絰爲麻之有黄色如苴黎則此雄麻色好者故閒傳云齊衰貌若

枲是以鄭云牡麻絰者其貌易服輕者宜差好也云散帶之垂者男子之道文多變也者此小斂絰有散麻帶垂之至三日成服絞之對婦人陰質初而絞之與小功以下男子同知饌于東方東坫之南苴絰爲上者以其對下牀第夷衾之等在西坫南故此亦在東坫南也若然經直言東方知不在東堂下東方者以其小斂陳饌皆在東堂下若此亦在東堂下當言陳于饌東饌北何須言東方乎明此非東堂下也知苴絰爲上者以其經先言苴絰明依此爲首南陳之也

婦人之帶牡麻結本在房婦人亦有苴絰但言帶者記其異此齊衰婦人斬衰婦人亦苴絰也

疏。注婦人至絰也。釋曰知婦人亦有苴絰者喪服首云苴絰杖下絰男子婦人俱陳則婦人亦有苴絰禮記服問之等每云婦人麻絰之事故知婦人亦有絰今此絰不言婦人苴絰者記其異謂男子帶有散麻婦人則結本無異者且男子小功緦麻小斂有帶則絞之亦結本婦人帶結本可以兼之矣云此齊衰婦人者以其牡麻宜言齊衰以下至緦麻皆同牡麻也云斬衰婦人亦苴絰也者此亦據帶而言以其帶亦名絰則喪服云苴絰杖鄭云麻在首在要皆曰絰彼絰既兼男女則婦人有苴麻爲帶絰可知絰不言者以義可知故省文也此帶牡麻兼男子小功以下陳之則別處以其男子陳之于坫南此經云在房明知異處也**牀第夷衾饌于西坫南**第簀也夷衾覆尸之衾喪大記曰自小斂以往用夷衾夷衾質殺之裁猶冒也【疏】○注第簀至冒也○釋曰云夷衾覆尸之衾者小斂訖奉尸夷於堂幠用夷衾矣故陳之於西坫南案曲禮云在牀曰尸在棺曰柩此夷衾小斂以往用之覆尸柩今直言覆尸者鄭據此小斂未入棺而言云喪大記曰自小斂以往用夷衾者對小斂已前用大斂之衾今小斂以往大斂之衾當陳之故用夷衾證小斂不用之兼明夷衾之制鄭言小斂以往則此夷衾本爲覆尸覆柩不用入棺矣是以將葬啓殯覆棺亦用之矣云夷衾質殺之裁猶冒也者案上文冒之材云冒緇質長與手齊䞓殺掩足注云上曰質下曰殺此作夷衾亦如此上以緇下以䞓連之乃用也其冒則韜下韜上訖乃爲綴旁使相續此色與形制大同而連與不連則異也**西方盥如東方**爲舉者設盥也如東方者亦用盆布巾饌於西堂下【疏】○注爲舉至堂下○釋曰云爲舉者謂將舉尸者則下經士盥二人是也云西堂下知者以其東方盥在東堂下則知此西方亦在西堂下可知**陳一鼎于寢門外當東塾少南西**

面其實特豚四鬄去蹄兩胉脊肺設扃鼏鼏鬄解也四解之殊肩髀而西末素俎在鼎西西順覆匕東柄已喪事畧去蹄去其甲為不絜清也胉脅也素俎喪尚質既饌將小斂則辟襲奠今文鬄為剔胉為迫古文鼏為密

［疏］注鬄解至為密。釋曰此亦為小斂奠陳之鼎用茅為編言西末則茅本在東方四解之殊肩髀而已喪事畧者凡牲體之法有二一者四解而已此經直云四鬄即云去蹄明知殊肩髀為四段案士冠禮云若殺則特豚載合升注云合左右胖此下文大斂亦云豚合升則吉凶之禮豚皆合升而鄭云喪事畧者但喪中之奠雖用成牲亦四解故既夕葬奠云其實羊左胖豕亦如之是以鄭揔釋喪中四解之事故云喪事畧若禘郊大祭雖吉祭亦先有豚解後為體解是以禮運云腥其俎孰其殽鄭云腥其俎謂豚解而腥之孰其殽謂體解而爓之國語亦云禘郊之事則有全脀王公立飫則有房俎親戚燕飲則有殽脀者若然禘郊雖先有全脀後有體解豚解禮運所云者是也若然此經云四鬄并兩胉脅與脊揔為七體若豚解皆然也云既饌將小斂則辟襲奠者既始死之奠襲後改為襲奠以恐妨斂事故知辟襲奠前襲時巳辟

之今將小斂亦辟之亦當於室之西南隅如將大斂辟小斂奠於序西南也凡奠在室外經宿者皆辟之於序西南是以小斂奠與祖奠等皆辟之於序西南朝廟遷祖之奠不設於序西南以其以再設為褻是以遷之即設新之也

士盥二人以並東面立于西階下立俟舉尸也今文並為併

疏。注立俟舉尸也。釋曰舉尸謂小斂從襲牀為遷尸於戶內服上即下文士舉遷尸反位是也

布席于戶內下莞上簟有司布斂席也

商祝布絞衾散衣祭服祭服不倒。美者在中斂者趨方或顛。倒衣裳祭服尊不倒之也美善也善衣後布於斂則在中也既後布。祭服而又言善者在中明每服非十稱也

疏。注斂者至稱也。釋曰云斂者趨方或顛倒衣裳者以其襲時衣裳少不倒小斂十九稱衣裳多取其要方除祭服之外或倒或否云祭服尊不倒者士之助祭服則爵弁服皮弁服弁服家祭服玄端亦不倒也云善衣後布於斂則在中也者以其斂衣半在尸下半在尸上今於先布者在下則後布者在中可知也云既後布祭服而又言善者在中明每服非一稱也者欲見祭服文在散衣之下即是後布祭

服祭服則是善者復云善者在中則祭服之中更有善者可知故云再服非一稱以其揔十九稱之中善者非一稱也

士舉遷尸反位遷尸於服上設牀第于兩楹之間衽如初有枕衽寢臥之席也亦下莞上簟疏○注衽寢至上簟○釋曰曲禮云請席何鄉請衽何趾鄭云坐問鄉臥問趾因於陰陽是衽為臥席云亦下莞上簟者謂斯干宣王寢席而言下莞上簟是尋常寢席無問貴賤者下莞上簟卒斂徹帷尸已飾主人西面馮尸踊無筭主婦東面馮亦如之馮服膺之主人髺髮袒衆主人免于房始死將斬衰者雞斯將齊衰者素冠今至小斂變又將初喪服也髺髮者去笄纚而紒衆主人免者齊衰將袒以免代冠冠服之尤尊不以袒也免之制未聞舊說以為如冠狀廣一寸喪服小記曰斬衰髺髮以麻免而以布此用麻布為之狀如今之著幓頭矣自項中而前交於額上卻繞紒也于房于室釋髺髮宜於隱者今文免皆作絻古文髺作括疏○注始死至作括○釋曰知始死將斬衰者雞斯者案禮記問喪云親始死雞斯徒

跣鄭注云雞斯當爲笄纚以成服乃斬衰是始死未斬衰故云始死將斬衰者雞斯也云將齊衰者素冠者喪服小記云男子冠而婦人笄冠笄相對問喪親始死男子云笄纚明齊衰男子素冠可知云今至小斂變者謂服麻之節故云變也云又將初喪服也髻髮者去笄纚而紒者此即喪服小記云斬衰髻髮以麻爲母髻髮以麻免而以布是母雖齊衰初亦髻髮與斬衰同故云去笄纚而紒紒上著髻髮也云衆主人免者齊衰將袒以免代冠者此亦小斂節與斬衰髻髮同時此皆據男子若婦人斬衰婦人以麻爲髽齊衰婦人以布爲髽髽與髻髮皆以麻布自項而向前交於額上卻繞紒如著幓頭焉免亦然但以布廣一寸爲異也云于房于室釋髻髮宜於隱者并下文婦人髽于室兼言之也

婦人髽于室

始死婦人將斬衰者去笄而纚將齊衰者骨笄而纚今言髽者亦去笄纚而紒也齊衰以上至笄猶髽髽之異於髻髮者既去纚而以髮爲大紒如今婦人露紒其象也檀弓曰南宮縚之妻之姑之喪夫子誨之髽曰爾毋縱縱爾爾毋扈扈爾其用麻布亦如著幓頭然

疏 ○注始死至頭然○釋曰知婦人將斬衰者去笄而纚者喪服小記云男子冠而婦人笄冠笄相對將斬衰男子既去冠而著笄纚則婦人將斬衰亦去笄而纚可知又知將齊衰者骨

笄而纚者上引男子齊衰始死素冠則知婦人將齊衰骨笄而纚也云今言髽者亦去笄纚而紒也者謂今至小斂節亦如上將斬衰男子去笄纚而髺髮則此將斬衰婦人亦去笄纚而麻髽齊衰婦人去骨笄與纚而布髽矣鄭不云斬衰婦人去纚而云去笄纚者專據齊衰婦人而言文畧故也鄭所以云而紒紒即髽也故喪服注亦云髽露紒也云齊衰以上至笄猶髽者謂從小斂著未成服之髽至成服之笄猶髽不改至大斂殯後乃著成服之髽代之也云髽之異於髺髮者既去纚而以髮爲大紒如今婦人露紒其象也者古者男子婦人吉時皆有笄纚有喪至小斂則男子去笄纚著髺髮婦人去纚而著髽髽形先以髮爲大紒紒上斬衰婦人以麻齊衰婦人以布其著之如男子髺髮與免故鄭依檀弓縱縱爾之後乃云其用麻布亦如著幓頭然既髺髮與髽皆如著幓頭而異爲名者以男子陽外物爲名而謂之髺髮婦人陰內物爲稱而謂之髽也但經云婦人髽于室者男子髺髮與免在東房若相對婦人宜髽于西房大夫士無西房故於室內戶西皆於隱處爲之也

士舉男女奉尸侇于堂幠用夷衾男女如室位踊無筭侇之言尸也夷衾覆尸柩之衾也堂謂楹閒牀第上也今文侇

作夷疏○注使之至作夷○釋曰云使之言尸也者尸之衾曰夷衾尸之牀曰夷牀并此經侇尸不作移字皆作侇者侇人旁作之故鄭注喪大記皆是依尸爲言也云幠用夷衾者初死幠用大斂之衾以小斂之衾當陳今小斂後大斂之衾當擬大斂故用覆棺之夷衾以覆尸也

主人出于足降自西階衆主人東即位婦人阼階上西面主人拜賓大夫特拜士旅之即位踊襲絰于序東復位拜賓鄉賓位拜之也即位踊東方位襲絰于序東○東夾前

疏○注拜賓至夾前○釋曰云衆主人東即位者雖無降階之文當從主人降自西階主人就拜賓之時衆主人遂東即位於阼階以○主人位南西面也於時阼階空故婦人得向阼階上西面也云復位者復阼階下西面位云拜賓鄉賓位拜之也者經云主人降自西階即云主人拜賓明不即位而先拜賓是主人鄉賓位拜賓可知云即位踊東方位者謂主人拜賓訖即鄉東方阼階下即西面位踊踊訖襲絰也云襲絰于序東東夾前者經云主人降自西階更無升降○之文而云序東東夾前者主人即位踊○訖而去○襲絰于序東謂鄉堂東

東西當序牆之東又當東夾之前非謂就堂上東夾前也云復位者復阼階下西面位

乃奠祝與執事爲之

舉者盥右執匕卻之左執俎橫攝之入阼階前西面錯錯俎北面舉者盥出門舉鼎者右人以右手執匕左人以左手執俎因其便也攝持也西面錯錯鼎於此宜西面錯俎北面俎宜西順之

（疏）○注舉者至順之○釋曰右執匕左執俎者謂鄉北入內東方爲右人西方爲左人故鄭云右人以右手執匕左人以左手執俎各用內手舉鼎外手執匕俎故云便也云錯鼎於此宜西面者對在門外時北面陳鼎鄉內爲宜也

右人左執匕抽扃予左手兼執之取鼏委于鼎北加扃不坐抽扃取鼏加扃於鼏上皆右手今文扃爲鉉古文予爲與鼏爲密

（疏）○注抽扃至爲密○釋曰云抽扃取鼏加扃於鼏上皆右手者以其經云左執匕即云抽扃予左手兼執之不言用右手故鄭明之以其右人用左手執匕即知抽扃已下用右手似若左執爵用右手祭脯祭薦取便也

乃朼載載兩髀于兩端兩肩

亞兩胉亞脊肺在於中皆覆進柢執而俟乃朼以朼次出牲體右人也載受而載於俎左人也亞次也凡七體皆覆爲塵柢本也進本者未異於生也骨有本末古文朼爲匕髀爲脾今文胉胉爲迫柢皆爲胝

疏○注乃朼至爲胝○釋曰凡七體者前左右肩臂臑屬焉後左右髀肫胳屬焉并左右脅通脊爲七體也案下文大斂豚合升言合升則髀亦升之矣凡言合升多言皆并髀升非獨喪禮若體解升者皆髀不升鄭云近竅賤也云皆覆爲塵者諸進體皆不言覆此言覆者由無尸而不食故覆之也云進本者未異於生也者公食大夫亦進本是生人法今以始死故未異於生也

夏祝及執事盥執醴先酒脯醢俎從升自阼階丈夫踊甸人徹鼎巾待于阼階下執事者諸執奠事者巾功布也執者不升已不設祝既錯醴將受之

疏○注執事至受之○釋曰云甸人徹鼎巾者以其空無事故徹案公食大夫云甸人舉鼎順出奠于其所謂當門也或云徹鼎者誤何者前陳饌于東堂下脯醢醴酒冪奠用功布實于簞何徹之有也云執者不升已不設祝既錯醴將受之者

此執者不升唯據執巾者故鄭云祝既錯醴將受之當以覆酒醴故下云祝受巾是也奠于尸東執醴酒北面西上執醴酒者先升尊也立而俟後錯要成也豆錯俎錯于豆東立于俎北西上醴酒錯于豆南祝受巾巾之由足降自西階婦人踊奠者由重南東丈夫踊巾之爲塵也東反其位疏○注東反其位○釋曰云由足降自西階婦人踊者主人位在阼階下婦人位在上故奠者升丈夫踊奠者降婦人踊各以所見先後爲踊之節也云奠者由重南東丈夫踊者此奠者奠訖主人見之更與主人爲踊之節也奠者降反位必由重南東者以其重主道神所馮依不知神之所爲故由重南而過是以主人又踊也注云東反其位者其位蓋在盆盥之東南上賓出主人拜送于門外廟門外也疏○注廟門外也○釋曰廟門者士死于適室以鬼神所在則曰廟故名適寢爲廟也乃代哭不以官代更也孝子始有親喪悲哀憔悴禮防其以死傷生使之更哭

不絕聲而已人君以官尊卑士賤以親疏爲之三日之後哭無時周禮挈壺氏凡喪縣壺以代哭

疏○注代更至代哭○釋曰此經論君及大夫士於小斂之後隨尊卑代哭之事注云人君以官尊卑士賤以親疏爲之者案喪大記云君喪縣壺乃官代哭大夫官代哭不縣壺士代哭不以官注云自以親疏哭也此注不言大夫舉人君與士其大夫有大記可參以官可知故不言也云三日之後哭無時者禮有三無時之哭始死未殯哭不絕聲一無時殯後葬前朝夕入於廟阼階下哭又於廬中思憶則哭是二無時既練之後在堊室之中或十日或五日一哭是三無時練則葬後有朝夕在阼階下哭唯此有時無無時之哭也引挈壺氏者證人君有縣壺爲漏尅分更代哭法大夫士則無縣壺之義也

有襚者則將命擯者出請入告主人待于位喪禮畧於威儀既小斂擯者乃用辭出請之辭曰孤某使某請事

疏○注喪禮至請事○釋曰云喪禮畧於威儀既小斂擯者乃用辭者案上文始死云有賓則拜之君使人弔皆不云擯者出請入告之事至此乃云擯者出請入告是喪禮畧於威儀既小斂擯者乃用辭也云出請之辭曰孤某使某請事者此約雜記諸侯使人弔鄰國諸侯之喪嗣君在阼

階之下使擯者出請云孤某使某請事此亦宜然故引爲證也擯者出告須以賓入須亦待也出告之辭曰孤某須矣疏○注須亦至須矣○釋曰云出告之辭曰孤某須矣者此約雜記辭爲證也賓入中庭北面致命主人拜稽顙賓升自西階出于足西面委衣如於室禮降出主人出拜送朋友親襚如初儀西階東北面哭踊三降主人不踊朋友既委衣又還哭於西階上不背主人疏○注朋友至主人○釋曰云朋友親襚如初儀者謂初死時庶兄弟襚使人以將命于室朋友襚親以進親之恩是也云西階東北面哭踊三降主人不踊者案前初死朋友襚親以進退哭不踊注云主人徒哭不踊以爲朋友不哭主人徒哭此朋友堂上北面哭據朋友哭哭知上文退哭非朋友哭者前文朋友君命俱來君之使者不哭朋友亦不哭故退哭據主人此朋友特來無君命故哭與彼異不可相決襚者以褶則必有裳執衣如初徹衣

者亦如之升降自西階以東帛為褶無絮雖複與禪同有裳乃成稱不用表也以東藏以待事也古文褶為襲

疏○注帛為至為襲○釋曰案喪大記云小斂君大夫複衣複衾大斂君褶衣褶衾大夫士猶小斂也若然則士小斂大斂皆同用複而襚者用褶者褶者所以襚主人未必用之襚耳云帛為複無絮雖複與禪同有裳乃成稱不用表也者此決雜記云子羔之襲也繭衣裳與稅衣乃為一稱以其絮褻故須表此雖有表裏為褶衣裳別則裳又無絮非褻故有裳乃成稱不須表也言雖複與禪同者案喪大記君大夫士褶衣與複衣相對有著為複無著為褶散文褶亦為複也案喪大記有衣必有裳乃成稱據禪衣祭服之等而言此褶雖複與禪同亦得裳乃成稱也云不用表也者見異於袍繭也云藏以待事也者以待大斂事而陳之也

宵為燎于中庭宵夜也燎火燋

疏○注宵夜也燎火燋○釋曰案少儀云主人執燭抱燋注云未爇曰燋古者以荊燋為燭故云燎火燋也或解庭燎與手執為燭別故郊特牲云庭燎之百由齊桓公始也注云僭天子也庭燎之差公蓋五十侯伯子男皆三十大夫士無文大燭或云以布纏葦以蠟灌之謂之庭燎則此云庭燎亦如之云大者對手執者

爲大
也

儀禮疏卷第三十六

元缺卷今補
依要義分

大清嘉慶二十一年
用文選樓藏本校

江西督糧道王賡言廣豐縣知縣阿應鱗栞

儀禮注疏卷三十六挍勘記　阮元撰盧宣旬摘録

管人汲

則知吉尚安舒　則要義作明

祝淅米于堂

祝夏祝也淅汏也　此注閩本誤作小字於淅西麻反下作圈隔之不標注字葛本因之竟鈌此注汏徐本釋文集釋俱作汏通解毛本作汱○按釋文音徒頼反則作汏是也

管人盡階不升堂

甸人取所徹廟之西北厞薪用爨之　廟毛本誤作朝無用字徐陳釋文集釋通解楊敖俱有用字與疏合○按喪大記原文有用字○此節疏内三階上也階乃等字之訛

士有冰

尸既襲既小斂 陳閩俱無既襲二字○按喪大記注有既襲二字

主人皆出戶外北面

象平生沐浴倮裎 倮徐本釋文通解楊氏俱作倮集釋毛本作裸裎徐本通解楊氏俱作程鍾本釋文集釋毛本俱作裎張氏曰注曰象平生沐浴倮程案監本及釋文程作裎既夕禮謂其倮程案監本亦作裎並從監本及釋文○按鍾本既夕注亦作程

下記云 毛本下作大下又下記云同

爲其倮裎 爲陳閩監本要義俱作爲毛本作謂案上條張氏引既夕注亦作謂字倮要義作倮與徐本注合毛本作裸

乃沐

又以巾拭髮乾 要義同毛乾作訖○按此句釋晞字之義晞乾也

湏濯棄于坎

古文湏作緣　緣釋文集釋俱作湪

棄于隱者　毛本隱作坎陳閩通解要義俱作隱按隱字是

蚤揃如他日

斷爪揃鬊也　釋文云鬊本亦作須案須鬊古今字

鄭讀從手爪之爪　要義無之爪爪二字

鬠用組

古文鬠皆爲括　浦鏜云周禮弁師注括引作鬠鬠栝字異義同疑括乃栝字之誤

商祝襲祭服

以其死於北墉下　毛本墉作牖段玉裁挍本牖作墉

商祝執巾從

不言穢惡　言陳閩俱作嫌

從鬼神尚幽闇　從楊氏作於

主人左扱米○又實米唯盈　盧文弨云又楊倞注荀子禮論引作凡

以經左右及中　毛本經誤作今

商祝掩瑱

後二腳先結頤下　二要義作三誤通解楊氏毛本俱作二

無絇之屝　毛本屝作屨陳本作履要義作屝○按屝字是

以其綦繫跣結　要義同毛本綦作屨

使兩足不相恃離　毛本無恃字要義有

乃襲三稱

以其俱當牖　俱徐陳閩葛集釋通解楊氏俱作俱按作俱與疏合毛本作居

明衣不在算

不在數　張氏曰注曰不在數明衣案釋文云不數中無在字從釋文盧文弨云疏亦無在字○按張從釋文無在字故讀不數明衣爲句疏雖有故不數也之語其述注仍有在字

以袍爲表　陳本要義同毛本表作裏○按表是也

不成稱　陳本無成字閩本無稱字

設韐帶搢笏

搢插也　插釋文集釋俱作揷下同

設決麗于掔　掔唐石經嚴徐集釋俱作擘下及注同鍾本誤作掔通解毛本作掔按掔擘二字形近易譌即

說文掔字注中已誤作擘矣

決以韋爲之籍　釋文通典通解俱無之字

結於掔之表也　毛本掔作擊集釋作擘

乃以橫帶繞手一二　二楊氏作帀

巾柶鬈蚤埋于坎

方襲事　盧文弨改事爲時案安知方字非妨字之譌古書有疑則闕之勿遽改

重木刊鑿之〇參分庭一　參唐石經徐本集釋通解要義楊敖俱作參通典聶氏毛本俱作三

許宗彥云下節夏祝注重主道也四字及疏五十三字皆屬此節之文傳寫者誤入下節經文注疏之內宜改正

夏祝鬻餘飯　陸氏曰鬻本又作粥

二篕畱陽厭不用餕　陽監本誤作之

冪用疏布　陸氏曰冪本又作鼏

今文冪皆作密　徐本集釋通解同毛本今作古作作用○按通部皆古文作密此不當作今

祝取銘置于重

以銘未用　銘要義作重

厥明陳衣于房

從者一幅　從楊氏作縮

倫如朝服　陳閩通解要義同毛本如作之○按下記正作如陳本是也

緇衾赬裏無紞

紞被也　徐本同釋文通典集釋通解楊敖毛本被下有識字張氏曰紞被之識也所以識前後也無識字則句不成文

被無別於前後可也　徐本通典集釋楊敖同毛本通解無可字按有可字與疏合

散衣次

袍繭之屬　繭釋文集釋要義俱作襺

饌于東堂下○冪奠用功布　奠通典作尊　○在饌東　東通典作北下節同

古文奠爲尊　案釋文出爲奠二字則陸本葢作古文尊爲奠與通典相應

設盆盥于饌東

爲奠設盥也　奠下敖氏有者字

至於設洗篚不言巾者　陳本要義同毛本至於作凡

凡不就洗篚皆言巾者　陳本要義同毛本凡作至於

苴絰大鬲　鬲敖氏作搹陸氏曰鬲又作搹同○按敖據喪服傳定作搹然喪服傳疏內搹字此本要義皆作鬲

服重者尚麤惡　惡通解作𢙣○按疏作惡

中人之手搤圍九寸　陸氏曰搤本又作扼

牡麻絰者　楊氏無絰字下同敖氏此有下無

輕服本於陰而統於外　徐本集解通解同毛本輕服作服輕○按作輕服不誤

輕服本於陰而統外　毛本輕作絰金曰追改作輕服云若作服輕與上注重服統於內本陽不一例

又去五分一以爲帶　毛本去誤作云

彼二寸　按彼疑破字之誤

婦人之帶

婦人亦有苴絰　苴敖氏作首周學健云與帶對言自宜爲首絰但疏似作苴今仍監本

亦苴絰也　亦下監本衍有字

且男子小功緦麻　陳閩俱無且字

宜言齊衰以下至緦麻　陳監要義同毛本宜作直

陳一鼎于寢門外○覆匕東柄　柄敖氏作枋

辟小斂奠於序西南也　案後經其餘取先設者節疏云將設後奠則徹先奠於西序南毛本西序誤作序西此句序西疑亦當作西序諸本皆誤

商祝布絞衾○祭服不倒　倒唐石經作到顧炎武張爾岐並云石經誤石經攷文提要云釋文傎倒乃發注文音則經文非倒字明矣

或傎倒衣裳　陸氏曰傎本又作顛

既後布祭服　布祭二字誤倒

半在尸下半在尸上　要義同毛本無半在尸下四字

主人髺髮袒　髺鍾本誤作髻注及後並同

又將初喪服也　喪楊氏作變通典集釋通解俱作喪張氏曰監本喪作變從監本

云又將初喪服也　喪要義作變

主人出于足

襲經於序東東夾前　兩東字之間通解有一圈疏亦然案圈處疑有當字當東夾前明在堂下

卽位於阼階以主人位南西面也　以閩本通解敖氏俱作下是也

踊訖襲經也　陳閩俱無踊字

更無升降之文　升陳閩俱誤作外浦鏜云降字疑階字之誤

主人卽位踊訖　陳閩俱重踊字

而去鼏經于序東浦鏜改去爲云

東西當序牆之東陳閩俱無西字案西字衍文

舉者盥

錯鼎於此宜西面錯下要義有七故二字此楊氏作北

右人左執匕

古文予爲與徐本要義同毛本與作于通解誤作午集釋作于

卽云抽扃予左手兼執之浦鏜云予監本誤于毛本誤於○按陳閩俱作于

乃杙載載兩髀于兩端載通解不重

凡七體皆覆爲塵徐監通典集釋通解七俱作七與疏合毛本楊氏作匕

今文胉胉爲迫嚴本重胉字徐本爲上空一字鍾本爲上有皆字集釋通解毛本胉字不重張氏曰

注曰今文胉胉爲迫按監本無一胉字從監本

夏祝及執事盥○甸人徹鼎鼎或誤作幂見疏○巾待於阼階下待監本誤作侍

已不設已通典作朼

云甸人徹鼎巾者閩本無巾字

或云徹鼎者誤鼎閩本作幂按此及上條皆當從閩本賈氏讀甸人徹鼎鼎爲句因或本誤鼎爲幂故特辨之下云幂奠用功布實于簞何徹之有正辨幂字之誤也後人誤斷經句併改疏文失之遠矣一說上條巾字當移補此句鼎字下亦通

豆錯俎錯于豆東

主人位在阼階下陳閩俱無阼字

乃代哭不以官

禮防其以死傷生 防釋文作坊云本亦作防瞿中溶云說文防或从土作埅坊卽埅之省文

有朝夕在阼階下哭 要義同毛本在作有案在字是

賓入中庭北面致命 毛本中誤作出

襚者以褶〇徹衣者亦如之 敖氏無者字

雖複與禪同 複通典敖氏俱作復

宵爲燎于中庭

燎火燋 火監本釋文集釋俱作大陸氏曰燋本作燭案大字是

注宵夜也燎火燋 火監本要義俱作大下同

古者以荆燋爲燭 者要義作人

以蟰灌之　陳閩監本蟰俱作臈毛本作蠟

儀禮注疏卷三十六挍勘記終

奉新余成教挍

儀禮疏卷第三十七

唐朝散大夫行大學博士弘文館學士臣賈公彥等撰

厥明滅燎陳衣于房南領西上綪絞紟衾二君襚祭服散衣庶襚凡三十稱紟不在算不必盡用紟單被也衾二者始死斂衾今又復制也小斂衣數自天子達大斂則異矣喪大記曰大斂布絞縮者三橫者三

疏○注紟單至者三○釋曰云君襚祭服散衣者士祭服有助祭爵弁服自家祭玄端服散衣非祭服朝服之等云庶襚者謂朋友兄弟之等來襚者也云紟不在算者案喪大記紟五幅無紞鄭云今之單被也以其不成稱故不在數內云不必盡用者案周禮守祧職云其遺衣服藏焉鄭云遺衣服大斂之餘也即此不盡用者也云衾二者始死斂衾今又復制者此大斂之衾二始死幠用斂衾以小斂之衾當陳之故用大斂衾小斂已後用夷衾覆尸故知更制一衾乃得二也云小斂衣數自天子達者案喪大記君大夫小斂巳下同云十九稱則天子亦十九稱注云十九稱

法天地之終數也案易繫辭生成之數從天一地二天三地四天五地六天七地八天九地十是十九爲天地之終數云大斂則異矣者案此文士喪大斂三十稱喪大記士三十稱大夫五十稱君百稱不依命數是亦喪數畧則上下之大夫及五等諸侯各同一節則天子宜百二十稱此鄭雖不言襲之衣數案雜記注云士襲三稱大夫五稱公九稱諸侯七稱天子十二稱與以其無文推約爲義故云與以疑之

東方之饌兩瓦甒其實醴酒角觶木柶毼豆兩其實葵菹芋蠃醢兩籩無縢布巾其實栗不擇脯四脡

此饌但言東方則亦在東堂下也毼白也齊人或名全菹爲芋縢緣也詩云竹柲緄縢布巾籩巾也籩豆具而有巾盛之也特牲饋食禮有籩巾今文蠃爲蝸古文縢爲何

疏 ○注此饌至爲何○釋曰云此饌但言東方則亦在東堂下也者案上小斂之饌云于東堂下此直言東方則亦東堂下鄭云亦者亦上小斂也云齊人或名全菹爲芋者案鄭於周禮醢人注云細切爲齏全物若䐑爲菹若然凡菹者全物不得芋名此云齊人名全菹爲芋者菹法舊短四寸者全之若長於四寸者亦切之則

葵長者自然切乃爲菹但喪中之菹葵雖長而不切取齊人全菹爲芋之解也引詩者欲見縢爲緣義云籩豆具而有巾盛之也者使小斂一豆一籩籩豆不具故無巾若然籩有巾豆無巾者以豆盛菹醢濕物不嫌無巾故不言其實有巾矣案此注引特牲記籩巾鄭彼注云籩有巾者果實之物多皮核優尊者此言盛之不同引之者以其彼爲尸尸食故云優尊者此爲神神不食故云盛之引之直取證有巾覆之同

奠席在饌北斂席在其東大斂奠而有席彌神之

疏○注大斂至神之○釋曰云彌神之者以其小斂奠無巾大斂奠有巾已是神之今於大斂奠又有席是彌神之○也

掘肂見衽肂埋棺之坎者○也掘之於西階上衽小要也喪大記曰君殯用輴欑至于上畢塗屋大夫殯以幬欑置于西序塗不暨于棺士殯見衽塗上帷之又曰君蓋用漆三衽三束大夫蓋用漆二衽二束士蓋不用漆二衽二束

疏○注肂埋至二束○釋曰云肂埋棺之坎者肂訓爲陳謂陳尸於坎鄭即以肂爲埋棺之坎也掘於西階上者檀弓孔子云夏后氏殯於東階殷人殯於兩楹之間周人殯於西階之上故知士亦殯于西階之上此殯時雖不言南首南首可知鄭注上文云如商祝之事位則尸南首以檀弓又云

葬於北方北首三代之達禮也禮運云故死者北首生者南鄉亦據葬後而言則未葬已前不忍異於生皆南首唯朝廟時北首故既夕云正柩于兩楹閒用夷牀注云是時柩北首必北首者朝事當不背父母以首鄉之故也引喪大記者云畢塗屋者畢盡也四面及上盡塗之如屋然云大夫殯以幬欑置于西序者大夫不得如人君於西階離序而四面欑之大夫但逼西序以木幬覆棺嘗欑置於西序云塗不暨于棺者彼注云欑中狹小裁取容棺暨及也但欑木不及棺而已云士殯見衽塗上者即此經掘肂而見其小要於上塗之而已云帷之者鬼神尚幽闇君大夫士皆同也云又曰君蓋用漆三衽三束者古者棺不釘彼鄭注云用漆者塗合牡牡之中也衽小要也棺蓋每一縫爲三道小要每道爲一條皮束之故云君蓋用漆三衽三束大夫士降于君故二衽二束大夫有漆士無漆也引之者證經肂與衽之義也

棺入主人不哭升棺用軸蓋在下軸輁軸也○輁狀如牀軸其輪輓而行

○注軸輁至而行○釋曰云輁狀如牀軸其輪者此注文畧案既夕云遷于祖用軸注云軸輁軸也軸狀如轉轔刻兩頭爲軹輁狀如長牀穿桯前後著金而關軸焉大夫諸侯以上有四周謂之輴天子畫之以龍是也

熬

黍稷各二筐有魚腊饌于西坫南熬所以惑蚍蜉令不至棺旁也爲舉者設盆盥於西(疏)○注熬所至於西○釋曰喪大記云熬君四種八筐大夫三種六筐士二種四筐君魚腊焉注云熬者煎穀也將塗設於棺旁所以惑蚍蜉使不至棺也引此士喪禮曰熬黍稷各二筐又云設熬旁一筐大夫三種加以粱君四種加以稻四筐則首足皆一其餘設於左右若然則此士二筐首足各一筐其餘設於左右可知也云爲舉者設盆盥於西者以小斂既云設盆盥饌于東方明大斂用西方之盆盥矣以其先陳盥後陳鼎故於鼎上言之也

陳三鼎于門外北上豚合升魚鱄鮒九腊左胖髀不升其他皆如初合升合左右體升於鼎其他皆如初謂豚體及七俎之陳如小斂時合升四鬄亦相互耳(疏)○注合升至互耳○釋曰云其他皆如初謂豚體及七俎之陳如小斂時者謂豚七體之等一依前斂時也云合升四鬄亦相互耳者小斂云四鬄四解爲七體亦左右體合升今升左右體亦四解可知也故云相互也

燭俟于饌東燭燋也饌東方之饌有燭者堂雖明室猶闇火在地

曰燎執之曰燭疏。注堂雖至曰燭。釋曰云堂雖明室猶闇者前小斂陳衣于房無燭者近戶得明故無燭此大斂於室之奧故有燭以待之云在地曰燎者謂若郊特牲云庭燎之百又詩云庭燎之光如此之類皆在地曰燎此云執之曰燭及少儀云主人執燭抱燋此之類皆是人之手執燭也庭燎且燕禮亦謂之大燭也司烜氏亦謂之墳燭也

祝徹盥于門外入升自阼階丈夫踊祝徹祝與有司當徹小斂之奠者小斂設盥于饌東有巾大斂設盥于門外彌有威儀疏。注祝徹至威儀。釋曰此直云祝徹盥于門外者不知何時設此案上小斂陳饌訖即言設盥則陳大斂饌訖亦設盥於門外也

祝徹巾授執事者以待授執巾者於尸東使先待於阼階下爲大斂奠又將巾之祝還徹醴也疏。注授執至醴也。釋曰云授執巾者於尸東使先待於阼階下者此巾前爲小斂奠巾之今祝徹巾還爲大斂奠巾之前小斂奠升自阼階設于尸東祝受巾於阼階下而升今大斂奠亦升自阼階設于奧亦宜受巾於阼階下而升故知祝授巾於執巾者使先待於阼階下也又知祝還徹醴者下文徹饌先取醴故也

徹饌先取醴酒

北面北面立相待俱降其餘取先設者出于足降自西階婦人踊設于序西南當西榮如設于堂爲求神於庭孝子不忍使其親須臾無所馮依也堂謂尸東也凡奠設于序西南者畢事而去之疏○注爲求至去之○釋曰云堂謂尸東也者謂如尸東堂上陳設之次第故云尸東也云凡奠設于序西南者畢事而去之者言凡奠謂小斂奠大斂奠遷柩奠祖奠但將設後奠則徹先奠於西序南待後奠事畢則去之故小斂奠設之於此不巾以不久設故也

醴酒位如初執事豆北南面東上如初者如其醴酒北面西上也執醴尊不爲便事變位疏○注如初至變位○釋曰前設小斂奠于尸東將醴酒先升北面西上執豆俎者立於俎北西上至此執豆俎者豆北東上爲便事事訖向東爲便故東上變位以執醴者尊仍西上是不得爲便事變位也

乃適饌東方之新饌疏○注東方之新饌○釋曰以其將設大斂新饌於室故知是新饌也

帷堂徹事畢婦人尸西東面主人及親者升

自西階出于足西面袒袒大斂變也不言髺免髺髮小斂以來自若矣疏⊙注袒大至若矣○釋曰知袒爲大斂變者前將小斂袒今言袒下文即行大斂事故知爲大斂變也云不言髺免髺髮小斂以來自若矣者決前小斂袒男有髺髮免婦人有髽今大斂袒不言者自小斂以來有此至成服乃改若如也自如常有故不言之也

士盥位如初亦既盥並立西階下疏○注亦既至階下○釋曰言亦者亦如小斂時士盥二人並立于西階下以待遷尸也

布席如初亦下莞上簟鋪於阼階上於楹閒爲少南疏○注亦下至少南○釋曰布席如初初謂小斂時下莞上簟云鋪於阼階上者案喪大記云小斂於戶內大斂於阼是也云於楹閒爲少南者取南北節以其言阼階上故知於楹閒爲少南近阼階也

商祝布絞紟衾衣美者在外君襚不倒至此乃用君襚主人先自盡疏○注至此至自盡○釋曰云至此乃用君襚主人先自盡者喪大記君無襚大夫士注云不陳不以斂彼無襚大夫士此謂不陳爲小斂用之故云無襚大夫士以其上文士喪始死君使人襚何得云君全無襚大夫士也故以不陳

不以斂解之至大斂乃用君襚於小斂所用主人先自盡也**有大夫則告**後來者則告以方斂非斂時則當降拜之（疏）○注後來至拜之○釋曰案檀弓大夫弔當事而至則辭焉注云辭猶告也擯者以主人有事告也主人無事則爲大夫出喪大記云士之喪於大夫不當斂則出注父母始死悲哀非所尊不出也上文有君命則出迎于門外是始死唯君命出若小斂後則爲大夫出故雜記云當袒大夫至雖當踊絶踊而拜之反改成踊若士來即成踊乃拜之也

士舉遷尸復位主人踊無筭卒斂徹帷主人馮如初主婦亦如之主人奉尸斂于棺踊如初乃蓋棺在肂中斂尸焉所謂殯也檀弓曰殯於客位（疏）○釋曰上舉遷尸謂從戶外夷牀上遷尸於斂上下云奉尸斂于棺謂從阼階斂上遷尸鄉西階斂於棺中乃加蓋於棺上也○注棺在至客位○釋曰云棺在肂中斂尸焉者欲見先以棺入肂中乃奉尸入棺中云所謂殯也者即所引檀弓殯於客位者是也以尸入棺名斂亦名殯也

主人降拜大夫之後至者北面

視殯北面於西階東疏○注北面於西階東○釋曰小斂後主人阼階下今殯後拜大夫後至者殯訖不忍即阼階因拜大夫即於西階東北面視殯而哭也衆主人復位婦人東復位阼階上下之位疏○注阼階上下之位○釋曰衆主人與婦人於殯無事故殯後即鄉東阼階上下之位也設熬旁一筐乃塗踊無筭以木覆棺上而塗之爲火備卒塗祝取銘置于肂主人復位踊襲爲銘設柎樹之肂東疏○注爲銘至肂東○釋曰上文始死則作銘訖置于重今殯訖取置于肂上銘所以表柩故也云肂東者以不使當肂於東可知乃奠燭升自阼階祝執巾席從設于奧東面執燭者先升堂照室自是不復奠于尸祝執巾與執席者從入爲安神位室中西南隅謂之奧執燭南面巾委於席右疏○注執燭至席右○釋曰云執燭者先升堂照室者以其設席于奧當先照之爲明也云自是不復奠于尸者鄭欲解自始死已來襲奠小斂奠皆在尸旁今大斂奠不在西階上就柩所故於室內設之則自此

巳下朝夕奠朔月奠。新奠皆不於尸所揔解之知執燭南面者以其燭先入室南面照之便故也云巾委於席右者以巾爲神故知委於席右也祝反降及執事執饌東方之饌士盥舉鼎入西面北上如初載魚左首進鬐三列腊進柢如初如小斂舉鼎執匕俎扃鼏朼載之儀魚左首設而在南鬐脊也左首進鬐亦未異於生也凡未異於生者不致死也古文首爲手鬐爲耆疏○注如初至爲者○釋曰云左首進鬐亦未異於生也者案公食右首進鬐此云左首則與生異而云亦未異於生者下文注載者統於執設者統於席彼公食言右首據席而言此左首據載者統於執若設於席前則亦右首也云不致死也者檀弓云之死而致死之不仁而不可爲也今進魚不異於生則亦是之死不致死之故引爲證也祝執醴如初酒豆籩俎從升自阼階丈夫踊甸人徹鼎如初祝先升疏○注如初祝先升○釋曰以其小斂祝執醴醴在先此云如初故知祝先升也奠由楹內入于室醴酒北面亦如初疏○注亦如初○釋曰以其小斂之醴酒先升北面西上此經亦言北面明與小斂同故云亦如初謂如初小斂經不言如初文畧也設豆右菹菹南栗栗東脯豚當豆魚次腊特于俎北醴酒在籩南巾如初右菹菹在醢南也此左右異於魚者載者統於執設者統於席醴當栗南酒當脯南疏○注右菹至脯南○釋曰云設豆右菹者凡設醢菹常在右今特言之者此從北鄉南而陳嫌先設者在北故言右言右菹則醢自然在左是以鄭云右菹菹在醢南也注云此左右異於魚者載者統於執設者統於席者鄭以上文魚言左首據載者統於執故云左首及設則右首此言設豆右菹據設者統於席前若執來即左菹也云醴當栗南酒當脯南者以其陳饌要成尊者後設故先設栗脯於北乃於南設醴酒酒在東故醴在栗南酒在脯南也既錯者出立于戶西西上祝後闔戶先由楹西降自西階婦人踊奠者由重南東丈夫踊爲神馮依之也疏○注爲神至之也○釋曰鄭解

丈夫見賓者至重即踊者重主道爲神馮依之故丈夫敢以爲踊節也 賓出婦人踊主人拜送于門外入及兄弟北面哭殯兄弟出主人拜送于門外小功以下至此可以歸異門大功亦存焉【疏】○注小功至存焉○釋曰云北面哭殯者案喪大記云大夫士哭殯則杖哭柩則輯杖注云哭殯謂既塗也哭柩謂啓後也此哭不言杖者文畧也云小功以下至此可以歸者案喪服記云小功以下爲兄弟則此兄弟可以兼男女也云異門大功亦存焉者大功容有同門有同財故喪服以小功以下爲兄弟但大功亦容不同門不同財之義以異門踈至此亦可以歸故云亦存焉謂存在家之注也既殯雖歸至朝夕朔奠之日近者亦人哭限也若至葬時皆就柩所故既夕反哭云兄弟出主人拜送注云兄弟小功以下也異門大功亦可以歸是也 衆主人出門哭止皆西面于東方闔門主人揖就次次謂斬衰倚廬齊衰堊室也大功有帷帳小功緦麻有牀笫可也【疏】○注次謂至可也○釋曰凡言次者廬堊室以下揔名是賓客所在亦名次也故引

禮記問傳爲證案問傳云父母之喪居倚廬寢苫枕由不說絰帶齊衰居堊室芐翦不納大功寢有席小功緦麻牀可也齊衰既居堊室故大功以下有帷帳也

君若有賜焉則視斂既布衣君至。賜恩惠也斂大斂君視大斂皮弁服襲裘主人成服之後往則錫衰

疏○注賜恩至錫衰○釋曰案雜記云公視大斂公升商祝鋪席乃斂注引喪大記曰大夫之喪將大斂既鋪絞紟衾衣君至此君升乃鋪席則君至爲之改始新之此經上下不言改新者文不具也云斂大斂者案喪大記云君於士既殯而往爲之賜大斂焉此經云若有賜明君於士視大斂也云君視大斂皮弁服襲裘者案喪服小記云諸侯弔必皮弁錫衰言諸侯不言君者以其彼是弔異國之臣法案服問云公爲卿大夫錫衰以居出亦如之當事則弁絰不見君弔士服案文王世子注君爲同姓之士緦衰異姓之士疑衰並據成服後今大斂未成服服緣弔異國之臣有服皮弁之法則君弔士未成服之前可服皮弁襲裘襲裘之文出檀弓子游弔小斂後襲裘帶絰而入此小斂後亦宜然也云成服之後往則錫衰者亦約服問君弔卿大夫之法若然文王世子注同姓之士緦衰異姓之士疑衰不同者彼謂凡平之士此士於君有師友之恩特賜與大夫同也

主人出迎于外門外見馬首不哭還入門右北面及衆主人袒不哭厭於君不敢伸其私恩疏○注不哭至私恩○釋曰案喪大記云男子出寢門見人不哭平常出門時此迎君宜哭巫止于廟門外祝代之小臣二人執戈先二人後巫掌招弭以除疾病小臣掌正君之法儀者周禮男巫王弔則與祝前檀弓曰君臨臣喪以巫祝桃茢執戈以惡之所以異於生也皆天子之禮諸侯臨臣之喪則使祝代巫執茢居前下天子也小臣君行則在前後君升則俠阼階北面凡宮有鬼神曰廟疏○注巫掌至曰廟○釋曰云巫掌招彌以除疾病者周禮春官男巫職文彼注云招招福也彌讀爲敉敉安也謂安凶禍也云小臣掌正君之法儀者有夏官小臣職文云男巫王弔則與祝前者亦男巫職文云祝者則周禮春官喪祝職云王弔則與巫前是也引之者證經巫祝小臣之事也引檀弓者證彼與此經異故云皆天子之禮也以其巫祝桃茢具故爲天子禮也云諸侯臨臣之喪則使祝代巫執茢居前下天子也者此據喪大記而言案彼云大夫既殯而君往焉巫止于門外祝代之先君

釋菜于門內祝先升自阼階負墉南面君即位于阼小臣二人執戈立于前二人立于後文與此經同文有詳畧耳云小臣君行則在前後者非直爲弔喪則凡平行皆有此小臣從以其與君爲儀衛者云君升則俠阼階案顧命云二人雀弁夾階是其類也云凡宮有鬼神曰廟者以經云廟謂適寢爲廟故云有鬼神曰廟

君釋采入門主人辟釋采者祝爲君禮門神也必禮門神者明君無故不來也禮運曰諸侯非問疾弔喪而入諸臣之家是謂君臣爲謔

疏○注釋采至爲謔○釋曰引禮運者證君無故而入臣家故將入必禮門神也彼注引陳靈公與孔甯儀行父數如夏氏以取弑焉是君臣相謔致禍之事也

君升自阼階西鄉祝負墉南面主人中庭祝南面房中東鄉君牆謂之墉主人中庭進益北

疏○注祝南至益北○釋曰祝必負墉南面鄉君者案喪大記云君稱言視祝而踊鄭注視祝而踊祝相君之禮當節之也故須鄉君也云主人中庭進益北者前主人先入門右中庭之南今云中庭明益北至庭也

君哭主人哭拜稽顙成踊出出不敢必君之卒斂事

君命反行事

主人復位大斂事君升主人主人西楹東北面命主人使之升升公卿大夫繼主人東上乃斂公大國之孤四命也春秋傳曰鄭伯有耆酒爲窟室而夜飲酒擊鍾焉朝至未已朝者曰公焉在其人曰吾公在壑谷伯有者公子子良之孫良霄疏○注公大至壑谷○釋曰案典命云公之孤四命故云大國之孤四命也引春秋者襄三十年左氏傳文鄭爲伯爵不合立孤但良霄鄭之公族大夫貴重之極以比大國之孤故臣子尊其君亦號爲公引之者證經公是公之孤也以其天子有三孤副貳三公大國無公惟有孤亦號爲公是以燕禮亦謂之爲公也卒公卿大夫逆降復位主人降出逆降者後升者先降位如朝夕哭弔之位疏○注逆降至之位○釋曰卒者謂卒斂也云主人降出者亦是不敢久留君先出下文君反主人主人反鄉中庭君乃撫尸主人乃拜稽顙踊出出謂主人出鄉門外立君反主人主人中庭君坐撫當心主人拜稽顙成踊出撫手案之凡馮尸興必踊今文無成疏

○注撫手至無成○釋曰云凡馮尸興必踊者喪大記文此經直云君坐撫當心主人直踊又不言馮尸而鄭云凡馮尸興必踊者欲見撫即馮之類興亦踊故得與主人拾踊也是以喪大記君於臣撫之父母於子執之子於父母馮之婦於舅姑奉之舅姑於婦撫之馮尸不當君所又云凡馮尸興必踊是馮爲摠名故君撫之亦踊也

君反之復初位衆主人辟于東壁南面 以君將降也南面則當坫之東

疏○注以君至之東○釋曰云君反之復初位初位即中庭位知者以其文承中庭位故也云以君將降也南面則當坫之東者下文君降西鄉命主人馮尸則君降當在阼階下西面命之故衆主人辟君東壁南面南面則西頭爲首者當堂角之坫故云當坫之東也

君降西鄉命主人馮尸主人升自西階由足西面馮尸不當君所踊主婦東面馮亦如之 君必降者欲孝子盡其情 奉尸斂于棺乃蓋主人降出君反之入門左視塗 肂在西階上入門左由便趨疾不敢久留

君

君升即位衆主人復位卒塗主人出君命之反奠入門右亦復中庭位疏○注亦復中庭位○釋曰經云入門右注復中庭位謂在門右南北當中庭也乃奠升自西階以君在阼疏○注以君在阼○釋曰以其几奠皆升自阼階是爲君在阼故辟之而升西階也君要節而踊主人從踊節謂執奠始升階及旣奠由重南東時也疏○注節謂至時也○釋曰云節謂執奠始升階及旣奠由重南東時也者案上文大斂奠升時丈夫踊降時婦人踊由重南而東丈夫踊此注不云降時踊者以經直有君與主人丈夫踊節故不言降時踊節也卒奠主人出哭者止以君將出不敢讙譁聒尊者也君出門廟中哭主人不哭辟君式之辟逡遁辟位也古者立乘式謂小俛以禮主人也曲禮曰立視五巂式視馬尾疏○注辟逡至馬尾○釋曰君入臣家至廟門乃下車則貳車本不入大門下云貳車畢乘主人哭拜送者明出大門矣云辟逡遁辟位也者案曲禮云君出就車左右攘辟則此云

辟亦是主人攘辟故云逡遁辟位也云古者有立乘者以其坐乘則不得式而小俛故云古者立乘也知式是禮主人者曲禮云式宗廟曾子問卿大夫見君之尸皆下之尸必式是凡式皆是禮前物爲式引曲禮者欲見式小俛彼注舊猶規也車輪轉之一帀爲一規案周禮冬官輪崇六尺六寸圍三徑一三六十八一帀則一丈九尺八寸五規則五箇一丈九尺八寸揔爲九丈九尺六尺爲一步揔十六步半凡平立視視前十六步半若小俛爲式則低頭視馬尾故連引曲禮云式視馬尾也

貳車畢乘主人哭拜送

貳車副車也其數各視其命之等君出使異姓之士乘之在後君弔蓋乘象路曲禮曰乘君之乘車不敢曠左左必式

疏○注貳車至必式○釋曰云其數各視其命之等者案周禮大行人云上公貳車九乘侯伯貳車七乘子男貳車五乘故知視命數也云君出使異姓之士乘之在後者禮記坊記云君不與同姓同車與異姓同車彼謂與君同在一車爲御與車右者也此經云貳車畢乘明亦使異姓之士乘之在後可知云君弔蓋乘象路者案周禮巾車職王有五路玉金象革木諸侯則同姓金路巳下異姓象路巳下四衛革路巳下蕃國惟有木路若然唯王與同姓異姓得弔乘象路今云蓋乘象路者以諸侯言之唯據上公與侯

伯於王有親者得用象路弔臨其臣以巾車又云象路以朝釋曰王以朝及燕出入雖不言弔臨然弔臨亦是出入之事故云蓋以疑之若四衞諸侯侯伯已下與王無親者亦各乘已所賜之車革路木路之等今鄭於貳車之下言所乘車者以其言貳車其飾皆與正車同故於貳車以下言君之所乘車也引曲禮者乘君之乘車則貳車是也以其與君爲副貳即是君之乘車也彼注云君存惡空其位則此乘車亦居左以其人君皆左載無御者在中鄭注周禮亦有車右也云左必式者不敢立相視觸常爲式耳

襲入即位衆主人襲拜大夫之至後者成踊後至布衣而後來者〔疏〕○注後至至來者○釋曰知布衣而後來者若未布衣時來即入前卿大夫從君之內今承上君大夫之下別君拜大夫之後至者明布衣後來不得與前卿大夫同時從君入者故鄭以布衣之後解之

賓出主人拜送自賓出以下如君不在之儀〔疏〕○注自賓至之儀○釋曰上經君在之時卿大夫士從君者不得與主人爲禮君出後有賓來即乃得別與主人爲禮故云自賓出以下如君不在之儀也

三日成服杖拜君命及衆賓

不拜棺中之賜既殯之明日全三日始歠粥矣禮尊者加惠明日必往拜謝之棺中之賜不施已也曲禮曰生與來日

疏○注既殯至來日○釋曰云既殯之明日者上厭明滅燎者是三日之朝行大斂之事今別言三日成服則除上三日更加一日是四日矣而言三日者謂除死日數之爲三日也云全三日始歠粥矣者謂成服日乃食粥除此日已前是未全三日不食至四日乃食也案喪大記云三日不食謂通死日不數成服日故云三日不食孝經三日而食者是除死日數故云三日而食也云禮尊者加惠明日必往拜謝之者案既夕記云主人乘惡車注云拜君命是也引曲禮者彼注云與猶數也生數來日謂成服杖以死明日數也死數往日謂殯斂以死日數也此士禮異於大夫者大夫以上皆以來日數引之以證此士喪禮與大夫已上異也

朝夕哭不辟子卯既殯之後朝夕及哀至乃哭不代哭也子卯桀紂亡日凶事不辟吉事闕焉

疏○注既殯至闕焉○釋曰云既殯之後朝夕及哀至乃哭者此據殯後阼階下朝夕哭廬中思憶則哭云不代哭也者決未殯以前大夫以上以官代哭士以親疏代哭不絕聲云子卯桀紂亡日者詩云韋顧既伐昆吾夏桀左傳云乙卯昆吾稔之日昆吾與夏桀

同時誅則桀以乙卯亡案尚書牧誓序云時甲子昧爽武王伐紂之日是紂以甲子日死王者以爲忌日云凶事不辟者即此經是也云吉事闕焉者檀弓云子卯不樂是吉事闕也婦人即位于堂南上哭丈夫即位于門外西面北上外兄弟在其南南上賓繼之北上門東北面西上門西北面東上西方東面北上主人即位辟門外兄弟異姓有服者也辟開也凡廟門有事則開無事則閉【疏】○注外兄至則閉○釋曰喪大記云祥而外無哭者則此外位皆有哭今直云婦人哭則丈夫亦哭矣但文不備也案下注云兄弟齊衰大功者主人哭則哭小功緦麻亦即位乃哭是也云外兄弟異姓有服者謂若舅之子姑姊妹從母之子等皆是有服者也云凡廟門有事則開無事則閉者有事謂朝夕哭及設奠之時無此事等則開之鬼神尚幽闇故也婦人拊心不哭方有事止讙嚻【疏】○注方有事止讙嚻○釋曰云方有事者謂下經徹大斂奠設朝奠之事也主人拜賓

旁三右還入門哭婦人踊先西面拜乃南面拜東面拜也【疏】○注先西至拜也○釋曰知先西面後東面者以經云旁三右還入門故知先西面後乃東遂北面入門以一面故云旁

主人堂下直東序西面兄弟皆即位如外位卿大夫在主人之南諸公門東少進他國之異爵者門西少進敵則先拜他國之賓凡異爵者拜諸其位賓皆即此位乃哭盡哀止主人乃右還拜之如外位矣兄弟齊衰大功者主人哭則哭小功緦麻亦即位乃哭上言賓此言卿大夫明其亦賓爾少進前於列異爵卿大夫也他國卿大夫亦前於列尊之拜諸其位就其位特拜【疏】○注賓皆至特拜○釋曰既云如外位又案外位主人之南有外兄弟其南乃有賓此內位主人之南即有卿大夫不言兄弟者以外兄弟雖在主人之南以少退故卿大夫繼主人而言也云諸公門東少進者謂門東有士故云少進少進於士此所陳位不言士之屬吏者案大夫家臣位在門右則士之屬吏亦在門右又在賓之

後也云賓皆即此位乃哭盡哀止主人乃右還拜之如外位矣者以其云外位明拜之亦右還如外位也云兄弟齊衰大功者主人哭則哭者以其大功已上親無門外內位但主人哭則亦哭矣小功緦麻疏故入即進前於士之列也云異爵卿大夫也者以主人是士明異爵是卿大夫也云他國卿大夫亦前於列者以經云他國之異爵者門西少進亦當前於士之位也云拜諸其位就其位特拜者以其異爵則亦卿大夫故知特拜一一拜諸其位也

徹者盥于門外燭先入升自阼階丈夫踊徹者徹大斂之宿奠祝取醴北面取酒立于其東取豆籩俎南面西上祝先出酒豆籩俎序從降自西階婦人踊序次也疏○注序次也○釋曰序次者次第人使相當此經所言先後則祝執醴在先次酒次豆籩次俎爲次第也設于序西南直西榮醴酒北面西上豆西面錯立于豆北南面籩俎既錯立于執豆

之西東上酒錯復位醴錯于西遂先由主人之北適饌遂先者明視不復位也適饌適新饌將復奠疏○注遂先至復奠○釋曰云遂先者明視不復位也者以其云遂先先即視不得復位遂適東相新饌也乃奠醴酒脯醢升丈夫踊入如初設不巾入入於室也如初設者豆先次籩次酒次醴也不巾無菹無栗也菹栗具則有俎有俎乃巾之疏○注入入至巾之○釋曰注云入入於室也者以其設奠在室中故也云如初設者豆先次籩次酒次醴也者以其大斂有俎籩豆又多今言如初設直豆籩酒醴見用者先後次第耳云不巾無菹無栗也者以大斂奠兼有菹栗則巾之是以檀弓云喪不剥奠也與祭肉也與其大斂皆有俎俎有祭肉故巾之也若然朝廟之奠亦是宿奠無菹栗有巾者爲在堂而久設塵埃故也錯者出立于戶西西上滅燭出祝闔戶先降自西階婦人踊奠者由重南東丈夫踊賓出婦人踊主人拜

送哭止乃奠奠則禮畢矣今文無拜疏○注哭止至無拜○釋曰云祝闔戶先降者以其出戶時祝闔戶在後故須云祝先降也云哭止乃奠者謂朝夕哭止拜賓乃奠奠則禮畢矣是以檀弓云朝奠日出是也衆主人出婦人踊出門哭止皆復位闔門主人卒拜送賓揖衆主人乃就次朔月奠用特豚魚腊陳三鼎如初東方之饌亦如之朔月月朔日也自大夫以上月半又奠如初者謂大斂時疏○注朔月至斂時○釋曰知大夫以上月半又奠者下經云月半不殷奠士不者大夫以上則有之謂若下文云不述命大夫已上則有之又若特牲云士不諏日大夫已上則諏諸士言不者大夫已上則皆有之故知大夫以上又有月半奠也云如初者謂大斂時者以其上陳大斂事此言如初故知如大斂時也

無籩有黍稷用瓦敦有蓋當籩位黍稷併於甒北也於是始有黍稷死者之於朔月月半猶平常之朝夕大祥之後則四時祭焉疏○注黍稷至祭焉○釋曰云於是始有黍

稷者始死以來奠不言黍稷至此乃言之故云於是始有黍稷也云死者之於朔月月半猶平常之朝夕者謂猶生時朝夕之常食也案既夕記云燕養饋羞湯沐之饌如他日注云燕養平常所用供養也饋朝夕食也羞四時之珍異若然彼謂下室中不異於生時殯宮中則無黍稷今至朔月月半乃有之若朔月月半殯宮中有黍稷下室則無故既夕記云朔月若薦新則不饋于下室注云以其殷奠有黍稷也下室如今之內堂是也是以云猶平常朝夕設之也云大祥之後則四時祭焉者士虞禮禫月吉祭猶未配是大祥之後得四時祭若虞祭之後卒哭之等雖不四時亦有黍稷是其常也

主人拜賓如朝夕哭卒徹徹宿奠也舉鼎入升皆如初奠之儀卒杝釋匕于鼎俎行杝者逆出甸人徹鼎其序醴酒菹醢黍稷俎俎行者俎後執執俎者行鼎可以出其序升入之次

疏○注俎行至之次○釋曰云俎行者俎後執執俎者行鼎可以出者案下文設時豆錯俎錯黍稷後設則俎宜在黍稷前今在黍稷後而言俎行者欲見俎雖在黍稷前設以執之在後欲與鼎匕出為節故

云俎行即匕鼎出也云其序外入之次者謂如經體已下次第也其設于室豆錯俎錯腊特豕稷當籩位敦啓會卻諸其南醴酒位如初常籩位俎南豕豕東稷會蓋也今文無敦疏○注當籩至無敦○釋曰知當籩位俎南豕豕東稷者依特牲所設爲之也祝與執豆者巾乃出共爲之也主人要節而踊皆如朝夕哭之儀月半不殷奠殷盛也士月半不復如朝盛奠下尊者疏○注殷盛至尊者○釋曰云下尊者以下大夫以上有月半奠故也有薦新如朝奠薦五穀若時果物新出者疏○注薦五至出者○釋曰案月令仲春開冰先薦寢廟季春云薦鮪于寢廟孟夏云以彘嘗麥先薦寢廟仲夏云羞以含桃先薦寢廟皆是薦新如朝奠者牲牢籩豆一如上朝奠也徹朔奠先取醴酒其餘取先設者敦啓會面足序出如入啓會徹時不復蓋也面足執之令足閒鄉前也敦有足則敦之形如

今酒敦〔疏〕○注啓會至蓋也○釋曰以前設時卽不蓋至徹亦不蓋今經云敦啓會嫌先蓋至徹重啓之故云不復蓋也

其設于外如於室外序西南

筮宅冢人營之宅葬居也冢人有司掌墓地兆域者營猶度也詩云經之營之〔疏〕○注宅葬至營之○釋曰案周禮有冢人掌公墓之地辨其兆域此士亦有冢人掌墓地兆域故云冢人營之也

掘四隅外其壤掘中南其壤爲葬將北首故也〔疏〕○注爲葬至故也○釋曰云爲葬將北首者解掘中南其壤爲葬時北首故壤在足處案檀弓云葬於北方北首三代之達禮也是葬時北首也

既朝哭主人皆往兆南北面免經兆域也所營之處免經者求吉不敢純凶〔疏〕○注兆域至純凶○釋曰案雜記云大夫卜宅與葬日有司麻衣布衰布帶因喪屨緇布冠不蕤占者皮弁下又云如筮則史練冠長衣以筮占者朝服彼有司與占者之服不純吉亦不純凶此乃主人之服不純吉免經亦不純凶也

命筮者在主人之右命尊者宜由右出也少儀曰贊幣自左詔辭自右〔疏〕○注命尊者自右○釋曰

云命尊者宜由右出也者對贊幣卑者在左故引少儀爲證也筮者東面抽上韇兼執之南面受命韇藏筴之器也兼與筴執之今文無兼疏○注韇藏至無兼○釋曰云抽上韇者則下韇未抽待用筮時乃并抽也命曰哀子某爲其父某甫筮宅度玆幽宅兆基無有後艱某甫且字也若言山甫孔甫矣宅居也度謀也玆此也基始也言爲其父筮葬居今謀此以爲幽冥居兆域之始得無後將有艱難乎艱難謂有非常若崩壞也孝經曰卜其宅兆而安厝之古文無兆基作期疏○注某甫至作期○釋曰云其甫且字也者謂二十加冠時且字云若言山甫孔甫矣者此亦二十加冠所稱故士冠禮云伯某甫仲叔季唯其所當鄭亦以孔甫之字解某甫則孔甫之等是實字以某甫擬之是且字也是以諸侯薨復者亦言某甫鄭云某甫且字是爲之造字也引孝經卜其宅兆者證宅爲葬居又見上大夫以上卜而不筮故雜記云大夫卜宅與葬日下文云如筮則史練冠鄭注云謂下大夫若士也則卜者謂上大夫上大夫卜則天子諸侯亦卜可知但此注兆爲域彼注兆爲吉兆不同者以其周禮大卜掌三

兆有王兆瓦兆原兆孝經注亦云兆塋域此文主人皆往兆南北面北爲營域之處義得兩全故鄭注兩解俱得合義

筮人許諾不述命右還北面指中封而筮卦者在左

述循也既受命而申言之曰述不述者士禮畧凡筮因會命筮爲述命中封中央壤也卦者識爻卦畫地者古文述皆作術

【疏】○注述循至作術○釋曰云不述者士禮畧者但士禮命筮辭有一命龜辭有二大夫已上命筮辭有二命龜辭有三士命筮辭有一者即上經是直有命筮無述命又無即席西面命筮辭是命筮辭唯有一也下文卜日有族長涖卜爲事命龜直云哀子某以下又有即席西面一命龜注云不述命亦士禮畧是士命龜辭有二又知大夫以上命筮辭有二命龜辭有三者案少牢是大夫筮禮彼上文云主人曰孝孫某來日丁亥以下是爲一事命筮下又云云遂述命曰假爾大筮有常是直云孝孫某來日丁亥已下將即西面命筮冠於述命之上共爲一辭通前爲事命筮有二若卜則有爲事命龜通述命又有卿當席西面命爲三知大夫龜亦有述命士云不者士喪禮士之卜筮皆云不述命士云不者大夫已上皆有謂若士月半不殷奠大夫則殷奠之類知大夫命龜不將述命與即西面命龜共爲

一命龜亦只有二者案此士喪注述命命龜異龜重威儀多
也對少牢述命與命龜爲二通前命龜爲三若然則天子諸
侯亦命筮辭有二命龜辭有三可知也知士不述命非爲喪
禮畧者特牲之吉禮亦云不述命故知士吉凶皆不述命非
爲喪禮畧也　卒筮執卦以示命筮者命筮者受視
反之東面旅占卒進告于命筮者與主人占
之曰從　卒筮卦者寫卦示主人乃受而執之旅衆也反與其屬共占之謂掌連山歸藏周易者從猶吉也
疏○注卒筮至吉也○釋曰經云卒筮執卦以示命筮者
不言主人注云寫卦示主人不言命筮者其實皆示經
直云命筮者以命筮人於卦吉凶審故據而言之是以下覆
告命筮與主人二人并告明與前不異也云與其屬共占之
謂掌連山歸藏周易者案洪範卜筮云三人占則從二人之
言注云卜筮各三人大卜掌三兆三易以其龜有三兆玉兆
瓦兆原兆筮有三易連山歸藏周易連山者夏家易以純艮
爲首艮爲山象山之出雲連連不絕故易名連山歸藏者殷
之易以純坤爲首坤爲地萬物歸藏於地故易名歸藏周以
十一月爲正月一陽爻生爲天統故以乾爲首乾爲天天能

周而於四時故易名周易也主人經哭不踊若不從筮擇如初儀更擇地而筮之歸殯前北面哭不踊易位而哭明非常疏○注易位至非常○釋曰朝夕哭當在阼階下西面今筮宅來北面哭者是易位非常故也既井椁主人西面拜工左還椁反位哭不踊婦人哭于堂既已也匠人為椁刋治其材以井構於殯門外也反位拜位也既哭之則往施之竁中矣主人還椁亦以既朝哭矣疏○注既已至哭矣○釋曰自此盡亦如之論將葬須觀知椁材與明器之材善惡之事案禮記檀弓云既殯旬而布材與明器注云木工宜乾腊則此云井椁及明器之材布之已久故云既已也必須作之豈今始獻材也但至此時將用故主人親看視是以云既哭之則往施之竁中也云匠人為椁刋治其材者此解經主人拜工之事以其冬官主百工百工之內匠人主木工之事所云者拜匠人以其為椁刋治其材有功故主人拜之也云以井構於殯門外也者以下文獻材於殯門外則此亦在殯門外此不言下言者以明器之材多并有獻素獻成之事故具言處所也反位

拜位者謂反西面拜位知旣哭施之竁中者以其文承筮宅以下見其即入壙故也知主人還椁亦以旣朝哭矣者以其筮宅與卜日皆在朝哭訖明還椁亦旣朝哭言亦者亦彼二事也

獻材于殯門外西面北上綪主人徧視之如哭椁獻素獻成亦如之材明器之材視之亦拜工左還形法定爲素飾治畢爲成

疏○注材明至爲成○釋曰上經已言椁此經言材故鄭言明器之材也檀弓云旣殯旬而布材與明器明器與材別言故彼言材爲椁材也又此下別言素與成則此明器之材未斲治先獻之驗其堪否也云形法定爲素飾治畢爲成知義然者以其言素素是未加飾名又經言獻材是斲治明素是形法定斲治訖可知又言成成是就之名明知飾治畢也此明器須好故有三時獻法上椁材旣多故不須獻直還觀之而已

卜日旣朝哭皆復外位卜人先奠龜于西塾上南首有席楚焞置于燋在龜東楚荊也荊焞所以鑽灼龜者燋炬也所以然火者也周禮菙氏掌共燋契以待卜事凡卜以明火爇燋遂灼其焌契以授

卜師遂〔疏〕○注楚荆至役之○釋曰云楚荆也者荆本是以役之草之名以其與荆州之荆名同楚又是荆州之國故或言荆也荆焞所以鑽灼龜者古法鑽龜用荆謂之荆焞也云燋炬也者謂存火者爲炬亦用荆爲之故鄭云所以然火者也周禮菙氏掌共燋契以待卜事者案彼下注杜子春云明火以陽燧取火於日玄謂燋讀如戈鐏之鐏謂以契柱燋火而吹之也契既然以授卜師用作龜也役之使助之是楚焞與契爲一皆謂鑽龜之荆讀爲戈鐏之鐏者取其銳頭爲之灼龜也

族長涖卜及宗人吉服立于門西東面南上占者三人在其南北上卜人及執燋席者在塾西族長有司掌族人親疏者也涖臨也吉服服玄端也占者三人掌玉兆瓦兆原兆者也在塾西者南面東上〔疏〕○注族長至東上○釋曰云族長有司掌族人親疏者也者以其言族長故知掌族人親疏也云吉服服玄端也者案雜記云大夫卜宅與葬日有司麻衣又云如筮則史練冠長衣此宗人直云吉服不言服名則士之吉服祭服爲吉服士之祭服爲玄端而已宗人掌禮之官非卜筮者著玄端則筮史亦服練冠長衣雜記所云是

求吉故筮者不純凶也云占者三人掌玉兆瓦兆原兆者案周禮大卜掌三兆之法注云兆者灼龜發於火其形可占者其象似玉瓦原之璺罅是用名之焉上古以來作其法可用者有三原原田也杜子春云玉兆帝顓頊之兆瓦兆帝堯之兆原兆有周之兆此三兆者當代之別名及占之又有體色璺坼之等故占人云君占體大夫占色史占璺卜人占坼注云體兆象也色兆氣也璺兆廣也坼兆璺也體有凶吉色有善惡璺有大小坼有微明尊者視兆象而已卑者以次詳其餘也周公卜武王占之曰體王其無害凡卜體吉色善璺大坼明則逢吉是其卜專據此三兆也云在塾西者南面東上者以其取堂南行事明不得背之北面故知南面取近爲尊故知東上也

闔東扉主婦立于其内扉門扉也席于闑西閾外爲卜者也古文闑作槷閾作蹙宗人告事具主人北面免絰左擁之涖卜即位于門東西面涖卜族長也更西面當代主人命卜

疏○注涖卜至命卜○釋曰云涖卜族長也者上文所云是也以其改鄉西面下文受龜受視受命訖即云命曰哀子某則族長非直視高兼行命龜之事也故云當

代主人命卜也周禮天子卜法則與士異假使大事則大宗伯涖卜小宗伯陳龜貞龜命龜大卜眡高作龜次事小事以下各有差降也

卜人抱龜燋先奠龜西首燋在北既奠燋又執龜以待之

【疏】○注既奠至待之○釋曰云卜人抱龜燋者謂從塾上抱鄉闑外待也先奠龜於席上乃復奠燋在龜北云既奠燋又執龜以待之者鄉時先奠龜次奠燋既奠燋又取龜執之以待待者下經授與宗人宗人受之是也

宗人受卜人龜示高以龜腹甲高起所當灼處示涖卜也

【疏】○注以龜至卜也○釋曰凡卜法案禮記云禎祥見乎龜之四體鄭注云春占後左夏占前左秋占前右冬占後右今云腹甲高者謂就龜之四體腹下之甲高者部之處鑽之以示涖卜也

涖卜受視反之宗人還少退受命受涖卜命授龜宜近受命宜卻也

命曰哀子某來日某卜葬其父某甫考降無有近悔考登也降下也言卜此日葬魂神上下得無近於咎悔者乎

【疏】○注考登至者乎○釋曰云某甫者亦上孔甫之類且字也云魂神上下

者揔指一切神無所偏指也云咎悔者亦謂冢墓有所崩壞也許諾不述命還即席西面坐命龜興授卜人龜負東扉宗人不述命亦士禮畧凡卜述命命龜異龜重威儀多也負東扉俟龜之兆也疏○注宗人至兆也○釋曰云宗人不述命亦士禮畧者以少牢述命此云不述命故云士禮畧云凡卜述命命龜異龜重威儀多也者言凡非一則大夫已上皆有述命述命與命龜異故知此不述而有即席西面命龜若大夫以上有述命者自然與西面命龜異可知言凡卜述命命龜異龜重威儀多對筮時述命命筮同筮輕威儀少云俟龜之兆也者下文告于主婦主婦哭是也卜人坐作龜興作猶灼也周禮卜人凡卜事示高揚火以作龜致其墨興起也疏○注作猶至起也○釋曰周禮卜師凡卜揚火以作龜致其墨者此據小事故不使大卜眡高作龜宗人受龜示涖卜涖卜受視反之宗人退東面乃旅占卒不釋龜告于涖卜與主人占曰某日從不釋龜復執之也古文曰爲日

疏○注不釋至爲日○釋曰云不釋龜者似元執不釋注云復執之也者似釋後重執之二疑之間謂宗人退東面旅占之時授人傳占占訖授宗人宗人復執之與本不釋相似故經云不釋龜也 授卜人龜告于主婦主婦哭 不執龜者下主人也 告于異爵者使人告于衆賓 衆賓僚友不來者也 疏○釋曰上云既朝哭皆復外位外位中有異爵卿大夫等故就位告之云使人告于衆賓者既言使人告明不在此故鄭云不來者也 卜人徹龜宗人告事畢主人經入哭如筮宅賓出拜送若不從卜宅如初儀

儀禮卷第十二 經二千三百九十六 注五千四百五十九

儀禮疏卷第三十七

元闕今補

依要義分

江西督糧道王賡言廣豐縣知縣阿應鱗栞

儀禮注疏卷三十七挍勘記　阮元撰盧宣旬摘錄

厥明滅燎

橫者三　案喪大記作橫者五

自家祭元端服　陳閩俱無祭字通解自下元上止有一字未刻

東方之饌○毼豆兩　豆通解誤作鬲

竹柲緄縢　柲通典作閟案詩作閟陸於彼釋云本亦作䩛

盛之也　段玉裁挍本作神之也云下文注云爾神之正蒙此疏同

鄭云亦者亦上小斂也　要義無亦者二字

掘肂見衽

肂埋棺之坎者也　徐本通解俱有者字與疏不合毛本集釋敖氏俱無楊氏坎下空一字

若殯用輴 輴宋本釋文从木張氏曰此必後人因禮記之文改從車爾既夕禮注謂之楯同

欑至于上 毛本欑誤从手下及疏同陸氏曰劉本作挫音同

欑置于西序 徐陳閩監葛本集釋同與疏合毛本置作至案大記攢至于西序宋本及日本古本足利本皆作置見山井鼎七經孟子考文與孔疏合

塗不暨于棺 陸氏曰暨其器反劉本作塈古概反

以檀弓又云 要義同毛本無以字

不忍異於生 陳閩俱無忍字

營欑置於西序 陳閩通解俱無營字

但欑木不及棺而已 已下要義有也字○按通解欑作塗是也

棺入主人不哭

軸輁軸也　上軸字嚴本作輴張氏曰監杭杭本輴作軸從監杭本○按既夕禮遷于祖用軸疏引此注亦作軸

輓而行　陸氏曰輓本又作挽

穿桯前後著金　桯毛本誤作程案既夕注桯字諸本亦有作程者

陳三鼎于門外

合左右體升於鼎　體通典作胖

謂豚體及七俎之陳　七徐本作上通典集釋俱作七張氏曰監杭本上作七從監杭本

謂豚七體之等　七監本誤作七

燭俟于饌東

又詩曰　曰要義作云

皆在地曰燎　閩監通解要義同毛本曰作爲

視徹盥于門外○丈夫踊　丈石經補鈌誤作大

其餘取先設者○南當西榮　毛本當作堂榮誤從水

則徹先奠於西序南　西序二字誤倒

待後奠事畢　要義無事畢二字

乃適饌　毛本適誤作設

主人奉尸斂于棺

釋曰云　要義此節疏與上節疏合爲一條此云字上有下字

旁一筐　金曰追云敖繼公曰旁一筐喪大記引作旁各一筐各謂各黍稷也

乃奠

朔月奠新奠毛本上奠字作荐陳閩監本通解俱作薦要義作奠案奠字當在薦字上

祝反降毛本祝誤作燭

設豆右菹

菹在醢南也醢徐本集釋俱作醴通解敖氏俱作醢

嫌先設者在北毛本北作左陳本作此要義作北

言右菹則醢自然在左毛本菹作俎陳閩要義俱作菹案菹字是

菹在醢南也醢要義作醴與徐本注合

此言設豆右菹陳閩監本通解要義同毛本菹作俎○案菹字是下同

即左菹也陳閩通解要義同毛本菹　俎

賓出婦人踊

但大功亦容不同門不同財之義　毛本容作有陳閩監本俱作容要義容下有有字

異門大功亦可以歸　毛本門下有者字要義無與既夕注合○按通解亦無者字

君若有賜焉則視斂　斂嚴徐俱作劒鍾本集釋通解俱作斂張氏曰監本劒作斂注云斂大斂從注及監○君至二字鍾本在下節之首本

此士於君有師友之恩　陳本要義同毛本於作與

巫止于廟門外

巫掌招弭以除疾病　弭徐陳集釋楊氏俱作弭釋文毛本作彌云又作弭通解脫此句盧文弨云彌亦通用○按說文有弭無彌周禮亦作弭

小臣掌正君之法儀者　小上徐本通典集釋楊氏俱有周禮二字通解無

周禮男巫　周禮通典作春官按以上三句皆見周禮首句亦男巫職文下既別引男巫故首句不加周禮字小臣男巫皆周之職官故稱周禮然小臣上既有周禮字則下句不宜疊出依通典作春官取文相變亦可

喪祝王弔則與巫前　此八字此本徐本通典集釋楊氏俱無通解毛本有金曰追云是誤以疏爲注也

彌讀爲救救安也　要義同毛本不重救字

君釋采　采釋文通典俱作菜案敖氏曰采讀爲菜蓋從釋文也

升公卿大夫

春秋傳曰鄭伯有耆酒爲窟室而夜飲酒擊鍾焉朝至未已朝者曰公焉在其人曰吾公在壑谷伯有者公子子良之孫良霄　毛本脫三十九字徐本集釋俱有通解楊氏俱與毛本同浦鏜云疏不引全文知注已見也○

按釋文有耆酒寤室朝至公焉四條

貴重之極　要義無重字

證經公是公之孤也　要義無上公字

副貳三公　毛本貳誤作二

大國無公　大要義作公誤

卒公卿大夫逆降復位　逆石經補缺誤作送

君反主人〇君坐撫當心　君石經補缺誤作坐

君要節而踊

由重南東時也　由楊氏作猶

由重南面東　重毛本誤作二面陳本通解俱作而

君出門

則貳車本不入大門毛本貳誤作二下同

卿大夫見君之尸皆下之尸必式陳閩俱無皆下之尸四字

凡平立視視前十六步半要義同毛本不重視字

貳車畢乘毛本貳誤作二注疏並同

爲御與車右者也要義同毛本與作於

以巾車又云要義以字下有其字無巾車又云四字

釋曰王以朝五字要義無

雖不言弔臨然弔臨亦是出入之事要義無上六字案周禮司常云道車載旜注云道車象路也王以朝夕燕出入巾車疏備引其文賈氏此疏亦兼引巾車及司常注其中似有後人

增寬之詞當悉從要義

不敢立相視蔫常爲式耳浦鏜云衍相字蔫字陳閩通解俱誤作舊

三日成服

謂殯斂以死日數也謂上要義有此字案陳本於上句日字作昆乃誤合日比二字爲一耳

朝夕哭

朝夕及哀至乃哭乃楊氏作則

婦人即位于堂

辟開也開要義楊氏俱作門誤

皆是有服者也要義同毛本皆是作是皆

主人堂下直東序西面

就其位特拜 位毛本誤作拜特敖氏作而

亦嘗前於士之位也 要義同毛本無之字

徹者盥于門外燭先入 毛本燭誤作獨

朔月奠 月鍾本誤作日注中月字仍不誤

月半又奠 又通解作有

又有月半奠也 毛本有作用要義作有案有是

舉鼎入升○卒朼 毛本卒誤作執

其設于室

常遷位 嚴本同毛本常作當張氏曰監本常作當從監本

俎醢黍　俎敖氏作菹

黍粢稷　黍陳本誤作稷疏同

有薦新

以彘嘗麥先薦寢廟仲夏云　要義無下七字似誤

筮宅

注宅葬至營之　此段疏陳閩俱無通解亦不載

既朝哭

所營之處　徐本集釋敖氏同毛本通解所作新○按所字是

命曰哀子某

某甫且字也　且徐鍾陳閩葛本楊氏俱作其嚴監通典集釋敖氏俱作且通解作某○按且字是其某

並誤

謂二十加冠時且字　加上毛本誤衍五字案疏內唯此及後疏云某甫者以上孔甫之類且字也二且字諸本皆同其餘唯監本要義作且他本並作其

孝經注亦云兆塋域　陳閩俱脫孝字注字按陳閩同誤然上文云此注兆為域彼注兆為吉兆彼注者謂孝經注也豈鄭解孝經兆字有二說歟唐御注孝經曰兆塋域也邢疏以為依孔傳則似非鄭義

兆為營域之處　營通解作塋

筮人許諾〇右還北面　毛本右誤作左

又有即席西面一命龜　陳監要義同毛本一作坐〇案作一是也下有共為一命龜之語

是爲一事命筮　陳本要義同毛本一作因

通前爲事命筮有二　事陳本要義俱作士按爲事命筮即上文所謂因事命筮也

知大夫命龜　知陳閩俱誤作如

亦只有二者　毛本只作知要義作只似誤

通前命龜爲三　陳閩俱脫前命龜爲四字

特牲之吉禮　吉陳閩俱作士

卒筮

則從二人之吉　吉要義作言

艮爲山　要義同毛本無此三字

旣井椁

則往施之竈中矣　毛本施誤作於

又須作之　陳閩要義同毛本又作久

以其爲椁刊治其材有功　要義同毛本材下有者字

謂反西面拜位　毛本西誤作四

獻材于殯門外

形法定爲素　形葛本作刑與毛本疏誤同

明素是形法定　毛本形誤作刑

又言成成是就之名　要義同毛本成是作是成

卜日既朝哭○卜人先奠龜于西塾上　毛本塾作墊唐石經徐陳閩葛俱作塾

○楚焞置于燋　燋石經補缺誤作醮

荊焞所以鑽灼龜者集釋無灼字陸氏曰鑽一本作灼○按沈彤云按釋文是鑽灼二字當衍其一本疏有鑽龜之文集釋又無灼字則所衍必灼字也

掌共燋契徐本集釋楊敖同毛本契作挈釋文作挈云本又作契○按周禮作契

遂灼其焌契以授卜師毛本遂誤作燧灼集釋作龡

役之使助之下之字陳閩俱作人

皆謂鑽龜之荊要義同毛本荊作焌

族長涖卜

其象似玉瓦原之璺罅毛本瓦誤作兆

及[illegible]之毛本及誤作今

族有徵明毛本坼誤作圻下同

是其卜專據此三兆也毛本卜下有不字金曰追云今本脫不字與上文義不貫依通解補

闑東扉

扉門扉也上扉字毛本誤作屝下扉字楊氏作扇

席于闑西閾外

爲卜者也也通典作席

古文闑作槷毛本古誤作故槷作槸徐本集釋俱作槷通解作槷〇按徐本是

宗人告事具

下文受龜受視受命訖要義同毛本下文作宗人陳本作辛文

次事小事以下下要義作上誤

卜人抱龜燋

又取龜執之以待待者 陳閩同毛本下待字作之字

宗人受卜人龜

高者尚之處 要義同毛本作高起之處○按疑當作部起之處

命曰哀子某來日 日下唐石經徐本通典楊敖俱有某字集釋通解俱無石經考文提要云某者某甲子○按聶氏三禮圖引此句日字上下甚稀盍本有某字挍者據今本刪之耳

○卜葬其父某甫 其通解楊氏俱作某

亦上孔甫之類 毛本亦誤作以

許諾不述命還即席 毛本還誤作送

下文告于主婦主婦哭是也 主婦二字陳閩俱不重出

卜人坐作龜興

周禮卜人人集釋敖氏俱作師是也與疏合

卜宅如初儀宅唐石經徐本通解俱作宅集釋楊敖毛本俱作擇張氏曰上文有云筮擇如初儀此卜日爾非卜宅也擇宅音同故誤顧炎武云擇當依石經作宅張爾岐云擇石本誤作宅

儀禮注疏卷三十七挍勘記終

奉新余成教挍

儀禮疏卷第三十八　儀禮卷第十三

唐朝散大夫行大學博士弘文館學士　臣　賈公彥等撰

既夕禮第十三

疏　既夕第十三○鄭目録云士喪禮之下篇也既巳也謂先葬二日巳夕哭時與葬間一日凡朝廟日請啓期必容焉此諸侯之下士一廟其上士二廟則既夕哭先葬前三日大戴第十五小戴第十四別録名士喪禮下篇第十三○釋曰鄭目録云士喪禮下篇者依別録而言以其記下士之始死乃記葬時而揔記之故名士喪禮下篇也鄭又云先葬二日與葬間一日者驗經云既夕哭請啓期告于賓明旦夙興開殯即遷于祖一日又厥明即葬故知是葬前二日與葬間一日也云必容者請啓期在葬前二日中間容朝廟一日故云必容焉鄭又云此諸侯下士一廟其上士二廟則既夕哭先葬前三日者以其一廟則一日朝二廟則二日朝故葬前三日中間容二日故三日若然大夫三廟者葬前四日諸侯五廟者葬前六日天子七廟者葬前八日差次可知

儀禮　鄭氏注

既夕哭既已也謂出門哭止復外位時疏既夕哭○注既已至位時○釋曰此經論既夕哭請啓期之事夕哭者是主人朝夕哭在殯宮阼階之下禮將請啓殯之時主人於夕哭訖出寢門復外位故鄭云謂出門哭止復外位時者鄭知復外位請者見上篇卜日禮云既朝哭皆復外位朝夕之哭其禮並同明知此請啓期亦在復外位時若然上篇卜日禮云既朝哭皆復外位此不於既朝哭而待既夕哭者謂明日之朝始啓殯又不可隔夕哭故於既夕請也但復外位之時必有弔賓來亦在外位故請期因告賓也**請啓期告于賓**將葬當遷柩于祖有司於是乃請啓殯之期於主人以告賓賓宜知其時也今文啓爲開疏請啓期告于賓○注將葬至爲開○釋曰云將葬當遷柩于祖有司於是乃請啓殯之期於主人以告賓者鄭解時未至而豫前二日夕哭之後出於門外位請期者明日須啓殯以柩朝于祖故有司於此時請啓殯之期告賓使知而來赴弔之事也**夙興設盥于祖廟門外**祖王父也下士祖禰共廟疏夙興至門外○注祖王至共廟○釋曰自此盡階間論豫於祖廟陳饌之事言夙興者謂夕哭請期訖明旦早起豫設盆盥於祖廟門外擬舉鼎之人盥手案小斂設盆

盥在東堂下大斂設盥於門外雖不言東方約小斂盥在東堂下則大斂盥亦門外東方此下陳鼎如大斂奠則此設盥亦在門外東方如大斂也云祖王父也者案祭法云曰考廟曰王考廟此云王父王父之言出於彼云下士祖禰共廟者又祭法云適士二廟官師一廟鄭注云官師中士下士案下記云其二廟則饌于禰則此經所朝據一廟者而言設盥于祖是下士一廟祖禰共廟據尊者而言也

陳鼎皆如殯東方之饌亦如之

皆皆三鼎也如殯如大斂既殯之奠

疏 陳鼎至如之○注皆皆至之奠○釋曰案上文殯後大斂之陳三鼎有豚魚腊在廟門外西面北上此陳鼎亦如之云東方之饌亦如之者彼大斂時云東方之饌兩瓦甒其實醴酒觶豆兩其實葵菹芋蠃醢兩籩無縢布巾其實栗不擇脯四脡故今云東方之饌亦如之云皆皆三鼎也者以其言皆明非一鼎皆三鼎可知又不言外內即門外及陳於阼階下亦西面北上外內同云如殯如大斂既殯之奠者以其大斂於阼階即移于棺而殯之殯訖乃于室中設大斂之奠即大斂奠在殯後恐於殯時別有奠故明之云如殯如大斂既殯之奠也

夷牀饌于階間

夷之言尸也朝正柩用此牀

疏 ○夷牀饌于階間○注夷之至此

牀。釋曰云夷之言尸也者遷尸於堂亦言夷尸盤衾皆依尸而言故云夷之言尸也云朝正柩用此牀者謂柩至祖廟兩楹之閒尸北首之時亦用此牀故名夷牀也

二燭俟于殯門外早闇以爲明也燭用烝

【疏】二燭至門外。注早闇至用烝。釋曰自此盡夷衾論啓殯及變服之事二燭者以其發殯宮二者下云燭入注云炤徹與啓肂者故於此豫備之云燭用烝者案周禮甸師氏云以薪烝役外內饔注云大曰薪小曰烝又案少儀云主者執燭抱燋鄭云未爇曰燋燋即烝故云燭用烝也

丈夫髽散帶垂即位如初爲將啓變也此互文以相見耳髽婦人之變喪服小記曰男子免而婦人髽男子冠而婦人笄如初朝夕哭門外位

【疏】丈夫至如初。注爲將至外位。釋曰云爲將啓變也者凡男子免與括髮散帶垂婦人髽皆當小斂之節今於啓殯時亦見尸柩故變同小斂之時故云爲將啓變也云此互文以相見耳髽婦人之變皆髽既是婦人之變則免是男子之變今丈夫見其人不見免則丈夫當免矣婦人見其髽不見人則婦人當髽矣故云互文以相見耳引喪服小記者證見未成服已前男子免而婦人髽既成服以後男子冠婦人笄若然小斂之時斬衰男子括髮齊衰

以下男子免不言男子括髮者欲見啓殯之後雖斬衰亦免而無括髮知者案喪服小記云緦小功虞卒哭則免注云棺柩已藏嫌恩輕可以不免也言則免者則既殯先啓之間雖有事不免以此而言先啓不免則啓當免矣又喪服小記云君弔雖不當免時也主人必免不散麻雖異國之君免也親者皆免注云不散麻者自若絞垂爲人君變貶於大斂之前既啓之後也親者大功以上也注直言不散麻貶於既啓之後則主人著免不貶矣以此言之啓後主人著免可知若啓後著免亦是貶矣若然後至卒哭其服同矣以其反哭之時更無變服之文故知同也云婦人髽及婦人笄者若未成服之時婦人髽無笄故喪服云髽成服之後婦人髽即有笄故喪服斬衰婦人云箭笄檀弓云南宮縚之妻之姑之喪夫子誨之髽蓋榛以爲笄是成服有笄明矣是以婦人成服云笄也云散帶垂者小斂節大功已上男子皆然若小功已下及婦人無問輕重皆初而絞之云如初朝夕哭門外位者但經直云即位如初知如門外位者以下經始云主人拜賓入即位祖明知此未入門在門外如朝夕哭位也

婦人不哭主人拜賓入即位祖此不象如初者以男子入門不哭也不哭者將有事止讙囂

疏婦人至位祖○注此不至讙囂

○釋曰：云此不蒙如初者，以男子入門不哭者，案上篇朝夕哭云主人即位辟門，婦人撫心不哭，主人拜賓旁三右還入門哭，婦人踊，此主人入門不哭，婦人不哭不踊，故不得蒙如初也。云將有事者，謂將有啓殯之事也。

商祝免袒，執功布入，升自西階，盡階，不升堂，聲三，啓三，命哭。功布，灰治之布也。執之以接神，爲有所拂扐也。聲三，三有聲，存神也。啓三，三言啓，告神也。舊說以爲聲噫興也。今文免作絻。【疏】商祝至命哭○注功布至作絻○釋曰：云功布灰治之布也者，亦謂七升以下之布也。云執之以接神爲有所拂扐也者，拂扐猶言拂拭，下經云商祝拂柩用功布，是拂拭去塵也。此始告神而用功布拂扐者，謂拂扐去凶邪之氣也。云三有聲存神也者，案曾子問亦云祝聲三，鄭云警神也，即此存神也。云舊說以爲聲噫興者，鄭注曾子問云聲噫歆，不云舊說，亦是舊說也。

燭入。炤徹與啓殯者。【疏】燭入○注炤徹與啓殯者○釋曰：上云二燭，此鄭云炤徹與啓殯，則一燭於室中炤徹奠，一燭於堂照開殯肂也。

祝降，與夏祝交于階下，取銘置于重。祝降者，祝徹宿奠降也。與，下祝交事相接也。夏祝取銘置于重爲啓殯遷之吉事交相左〔疏〕祝降至于重○注祝降至作名○釋曰此祝不言商夏則周祝也燭旣入室周祝從而入室徹宿奠降時夏祝自下升取銘降置于重爲妨啓殯故也云祝降者祝徹宿奠降也者謂昨暮所設夕奠經宿故謂之宿奠也此宿奠擬朝廟所用卽下云重先奠從者是也此奠所徹所置之處雖不言案上篇大斂遷小斂奠于序西南此亦序西南可也云吉事交相左者則鄉射大射皆云降與射者交於階下相左是也云凶事交相右者此凶事不言交相左者以凶事反於吉明交相右可知交相右者周祝降階時當近東夏祝升階當近西是交相右也云今文銘皆作名者此銘及下陳明器云取銘置于茵二者皆名但銘書作名名亦通一塗也凶事交相右今文銘皆作名

踊無筭主人也〔疏〕踊無筭○注主人也○釋曰下文云商祝拂柩則踊無筭當知開棺柩之時以其踊爲哀號之巳甚故知主人也

商祝拂柩用功布幠用夷衾拂去塵也幠覆之爲其形露〔疏〕商祝至夷衾○注拂去至形露○釋曰開柩巳出時是棺南首夷衾本擬覆柩故斂時不用今得覆棺於後朝廟及入壙雖不言用夷衾又無徹文以覆棺言之當隨柩入壙矣

遷于祖用

軸遷從也從於祖朝祖廟也檀弓曰殷朝而殯於祖周朝
而遂葬蓋象平生將出必辭尊者軸輁軸也軸狀如轉
轔刻兩頭爲軹輁狀如長牀穿程前後著金而關軹
焉大夫諸侯以上有四周謂之輴天子畫之以龍
【疏】遷于
祖用軸○注遷從至以龍○釋曰自此盡由足西面論以柩
朝廟之事云遷于祖用軸者謂朝廟之時從殯宮遷移于祖
廟朝時用輁軸載之案士喪禮將殯云棺入主人不哭升棺
用軸則遷于祖時亦升輁軸於階上載之挽柩而下若然未
升饌陳之當在堂下是以下記云夷牀輁軸饌于西階東注
云明階間者位近西夷牀饌于祖廟輁軸饌于殯宮而言階
間明在堂下也云檀弓曰殷朝而殯于祖者殷人將殯之時
先朝廟訖乃殯至葬時不復朝也云周朝而遂葬者周人殯
于路寢至葬時乃朝朝訖而遂葬引之者證經將葬朝祖之
事云蓋象平生將出必辭尊者曲禮云出必告反必面是也
案聘禮大夫將出聘告于禰乃行介無告禰之事故不得象
之云軸輁軸也者下記云夷牀輁軸是也云軸狀如轉轔者
此以漢法況之漢時名轉軸爲轉轔轔輪也故士喪禮云升
棺用軸注云軸輁軸也輁狀如牀軸其輪輓而行是以輪爲
轔也云刻兩頭爲軹者以軸頭爲軹刻軸使兩頭細穿入輁
之兩髀前後二者皆然云輁狀如長牀穿桯前後著金而關

軸焉者此輁既云長如牀則有先後兩畔之木狀如牀髀厚大爲之兩畔爲孔著金釧於中前後兩畔皆然然後關軸於其中言梩者以其厚大可以容軸故名此木爲梩也云大夫諸侯以上有四周謂之輴者大夫殯葬雖不用輴士朝廟用輁軸則大夫朝廟當用輴諸侯天子殯葬朝廟皆用輴但天子畫轅爲龍謂之龍輴檀弓諸侯云輴天子云菆塗龍輴是也此輴皆有四周爲輴故名爲輴也

重先奠從燭從柩從燭從主人從行之序也主人從者丈夫由右婦人由左以服之親疏爲先後各從其昭穆男賓在前女賓在後

〔疏〕重先至人從○注行之至在後○釋曰此論發殯宮鄉祖廟之次序柩之前後皆有燭者以其柩車爲闇恐闇故各有燭以炤道若至廟燭在前者外炤正柩在後者在階下炤外柩故下記云燭先入者升堂東楹之南西面後入者西階東北面在下是也云主人從者丈夫由右婦人由左以服之親疏爲先後者經直云主人從者以主人爲首者而言故鄭揔舉男子婦人并五服而言知男子由右婦人由左者以内則云道路男子由右女子由左鄭云地道尊右彼謂吉時此雖凶禮亦依之也云親疏爲先後各從其昭穆者假令昭親則在先昭疏則在後就同昭穆之中又以年之大小爲先後男從

主人後女從主婦後云男賓在前女賓在後者謂無服者亦各從五服男子婦人之後爲序也

升自西階

柩也猶用子道不由阼也〔疏〕升自西階○注柩也至阼也○釋曰云猶用子道不由阼也者案曲禮云爲人子者升降不由阼階今以柩朝祖故用子道不由阼也

奠俟于下東面北上

俟正柩也〔疏〕奠俟至北上○注俟正柩也○釋曰既升階當正之於夷牀之上北首既正乃設奠故云俟正柩也

主人從升婦人升東面衆人東即位

東方之位〔疏〕主人至即位○注東方之位○釋曰主人主婦從柩而升言婦人升東面不言主人西面舉主婦東面主人西面可知故下文云主人西面也云衆人東即位者唯主人主婦升自衆主人以下從柩至西階下遂鄉東階下即西面位

正柩于兩楹閒用夷牀

兩楹閒象鄉戶牖也是時柩北首〔疏〕正柩至夷牀○注兩楹至北首○釋曰云兩楹閒象鄉戶牖也者以其戶牖之閒賓客之位亦是人君受臣子朝事之處父母神之所在故於兩楹之閒北面鄉之若言鄉戶牖則在兩楹閒而近西矣故下記云夷牀輁軸饌于西階東饌夷牀俟正柩而言西

階東則正柩于楹閒近西可知矣云是時柩北首者既言朝祖不可以足鄉之又自上以來設奠皆升自阼階今此下文設奠升降皆自西階下鄭注云奠升不由阼階柩北首辟其足以此而言此時柩北首明矣

主人柩東西面置重如初 如殯宮時也

〈疏〉主人至如初○注如殯宮時也○釋曰主人主婦從柩外即當西面東面鄉柩主婦上文即言東面至此乃言主人西面者以其主婦東面位不改故從柩外因言東面男子在柩東西面既改西面位故待正柩訖乃言西面也其重依上文序從之時重先不先置者以其上待正柩訖乃置之云如初者亦如上篇三分庭一在南二在北而置之故鄭云如殯宮時也

席升設于柩西奠設如初巾之升降自西階 席設于柩之西直柩之西當西階也從奠設如初東面也不統於柩神不西面也不設柩東東非神位也巾之者為禦當風塵

〈疏〉席升至西階○注席設至風塵○釋曰此論設宿奠於柩西云席設于柩之西直柩之西當西階也者如當西階以其柩當戶牖之南席北鋪之自然當西階之上云從奠設如初東面也者如初謂如殯宮朝夕設奠于室中者從柩而來此還是彼朝夕奠脯醢醴

酒據神東面設之於席前也云不統於柩神不西面也者謂不近柩設奠若近柩則統於柩爲神不西面故不近東統於柩知神不西面者特牲少牢皆設席于奥東面則天子諸侯亦不西面可知云不設柩東東非神位也者此亦據神位在奥不在東而言也若然小斂奠設于尸東者以其始死未忍異於生大斂以後奠皆設于室中亦不統於柩此奠不設于室者室中神所在非奠死者之處故也云巾之者爲禦當風塵者案禮記檀弓云喪不剝奠也與祭肉也與據小斂大斂之等也有牲肉故不倮露故巾之以此宿奠脯醢醴酒無祭肉巾之者以朝夕奠在室不巾此雖無祭肉爲在堂風塵故巾之異於朝夕在室者也

主人踊無筭降拜賓即位踊襲主婦及親者由足西面設奠時婦人皆室戶西南面奠畢乃得東面○親者西面堂上迫疏者可以居房中

[疏]主人至西面○注設奠至房中○釋曰云降拜賓即位踊襲者賓謂在殯宮看主人開殯朝祖之賓襲者從殯宮中拜賓入即位袒至此乃襲襲者先即位踊踊訖乃襲經于序東云設奠時婦人皆室戶西南面奠畢乃得東面者知婦人戶西南面者案下記云將載柩祝及執事舉奠戶西南面東上則知此設之時婦人辟之亦戶

西南面待設奠訖乃由柩足向柩東西面不即鄉柩東西面者以主人在柩東待設奠訖主人降拜賓婦人乃得東也若然云親者西面則大功以上相隨同西面也又云堂上迫疏者可以居房中者以其言親者西面明疏者小功以下不得堂上西面爲堂上迫狹自然在房中西面矣

薦車直東榮北輈

薦進也進車者象生時將行陳駕也今時謂之魂車輈轅也車當東榮東陳西上於中庭

疏 薦車至北輈○注薦進至中庭○釋曰自此盡還出論薦車馬設遷祖奠之事薦車者以明旦將行故豫陳車云進車者象生時將行陳駕也者案曲禮云君車將駕則僕執策立於馬前已駕僕展軨是生時將行陳駕今死者將葬亦陳車象之也云今時謂之魂車者鄭舉漢法況之以其神靈在焉故謂之魂車也云輈轅也者周禮考工記有輈人爲輈輈亦謂之轅故云輈轅也云車當東榮東陳西上於中庭者此車既非載柩之車即下記云薦乘車道車稾車以次言之則先陳乘車次陳道車次陳稾車知東陳西上者下云陳明器于乘車之西明明器繼乘車而西明乘車在上已東有道車稾車故知三者西上也乘車既當東榮則三者不當中庭而云中庭者據南北之中庭不據東西爲中庭也何者以下經云薦馬入門三分庭一在南馬右還出薦馬者當

車南在庭近南明車近北當中庭矣**質明滅燭**質正也〔疏〕質明滅燭○釋曰自啓殯至此時在殯宮在道及祖廟皆有二燭爲明以尚早故也今至正明故滅燭也**徹者升自阼階降自西階**徹者辟新奠不設序西南已再設爲褻〔疏〕徹者至西階○注徹者至爲褻○釋曰云新奠者謂遷祖之奠將設新故徹去從奠以辟新奠也云不設序西南已再設爲褻者爲徹從奠不設于序西南爲再設褻黷故不設也其再設者未啓殯前夕時一設至此朝廟又設是再設也**乃奠如初升降自西階**爲遷祖奠也奠升不由阼階柩北首辟其足〔疏〕乃奠至西階○注爲遷至其足○釋曰云爲遷祖奠也者謂遷柩朝祖之奠也云如初者亦於柩西當階之上東面席前爲之則同其饌則異以其上三鼎及東方之饌皆大斂之奠是也云奠升不由阼階柩北首辟其足者以前大斂小斂及朝夕奠皆升自阼階降自西階今此遷祖奠升不由阼階故云辟足辟足者以其來往不可由首又飲食之事不可褻之由足故升自西階也若然徹時所以由足者奠畢去之由足無嫌也**主人要節而踊**節升降〔疏〕○主人要節而踊○注節升降○

釋曰云節升降者奠升升時主人踊降時婦人踊由重南主人踊此不言婦人文不具也

薦馬纓三就入門北面交轡圉人夾牽之

駕車之馬每車二匹纓今馬鞅也就成也諸侯之臣飾纓以三色而三成此三色者蓋條絲也其著之如罽然天子之臣如其命數王之革路條纓圉人養馬者在左右曰夾既奠乃薦馬者為其踐汙庿中也凡入門參分庭一在南

疏 薦馬至牽之○注駕車至在南○釋曰薦馬并薦纓者纓為馬設故與馬同時薦之案下記云薦乘車又云纓轡貝勒縣于衡又云道車載朝服稾車載簑笠注云道車稾車之纓轡及勒亦縣于衡也若然薦車之時纓縣于衡此薦馬得有纓者以薦車時縣于衡至此薦馬時又取而用之故兩見之也云駕車之馬者即上文薦車之馬也云每車二匹者下經云公賵兩馬注云兩馬士制也故知此車有三乘馬則六匹矣云纓今馬鞅也者古者謂之纓漢時謂之鞅故舉漢法為況也云諸侯之臣飾纓以三色而三成者以此下士薦馬纓三就則不依命數則大夫亦同三色知者案巾車上公纓九就侯伯纓七就子男纓五就諸侯之臣不得與子男同五就故知與士同三就此三色則如聘禮記三色朱白蒼也云此三色者蓋條絲也者謂以絲為條無匹

文故云蓋以疑之云其著之如罽然者鄭注巾車云玉路之樊及纓皆以五采罽飾之十二就其下金路九就象路七就注皆云五色罽飾之此則三采絲爲條飾之但著之則同故云其著之如罽然也云天子之臣如其命數者案典命云三公八命其卿六命大夫四命出封皆加一等命數雖卑於諸侯以王人雖微猶序諸侯之上故得與同依命數就依命數其色則無過五采罽以其金路以下與諸侯其飾與王同諸侯之臣既同三色明天子大夫以上亦五采罽與諸侯同但天子之士三命以下不得依命少於諸侯之臣當同色與諸侯之臣同矣若然公之孤四命以降於天子大夫宜與三卿同三色也云王之革路條纓者至革路木路不用罽而用條絲爲纓與此纓三色者同故引爲證也云圉人養馬者案周禮校人職云乘馬一師四圉是圉人以養馬以其養馬故使之薦也云在左右曰夾者以車三乘馬則六匹每馬二人交轡牽之故云在左右曰夾云既奠乃薦者爲其踐汙廟中者車馬相將之物前薦車在奠上今此薦馬在奠後者欲其既薦即出恐踐汙廟中故後薦之也云凡入門參分庭一在南者大斂陳事在庭分爲三分一分在北則繼堂而言一分在南則繼門而言此既繼門故云三分庭一在南又不言門左門右則當門之北矣

御者執策立

于馬後哭成踊右還出主人於是乃哭踊者薦車之禮成於薦馬疏御者至還出○注主人至薦馬○釋曰云主人於是乃哭踊者薦車之禮成於薦馬者以其車得馬而成故前薦車時主人不哭踊至薦馬乃哭是由車成於薦馬故也主人哭踊訖馬則右還而出右者亦取便故也賓出主人送于門外有司請祖期亦因在外位請之當以告賓每事畢輒出將行而飲酒曰祖祖始也疏賓出至祖期○注亦因至始也○釋曰自此盡屬引論祖將飾柩車之事此賓即上來弔主人啓殯者朝廟事畢而出主人送之云亦因在外位請之者上既夕哭訖因外位請啓期故云亦也此經不言告賓知告賓者若不告賓將至則設何須請期故知擬告賓故云當以告賓也云每事畢輒出者有司請期之禮每事皆待事畢因主人出在外位乃請之言每事者篇首云請期此云請祖期下文請葬期皆因出在外請之故云每事也云將行而飲酒曰祖祖始也者案詩有韓侯出祖出宿于屠顯父餞之清酒百壺又云出宿于泲飲餞于禰皆是將行飲酒曰祖此死者將行亦曰祖爲始行故曰祖也曰日側側昳也謂將過中之時疏曰日側○注側昳至之時○釋曰此

主人辭以上文有司請主人祖期主人荅之曰日側者昊是傍側亦爲特義轉爲昊者取差跌之義故從昊也云過中之時者則衛書無逸云文王至于日中昊昊即側也

主人入祖乃載踊無筭

卒束襲祖爲載變也乃舉柩卻下而載之束束棺於柩車賓出遂匠納車于階閒謂此車

疏主人至束襲○注祖爲至此車○釋曰云祖爲載變也者將載主人先祖乃載故云爲載變也云乃舉柩卻下而載之者卻猶却也鄉柩在堂北首今卻下以足鄉前下堂載於車故謂之爲卻也云束束棺於柩車者案禮記喪大記云君蓋用漆三衽三束檀弓曰棺束縮二橫三彼是棺束此經先云載下乃云卒束則束非棺束是載柩訖乃以物束棺使與柩車相持不動也云賓出遂匠納車于階閒謂此車者案下記云既正柩賓出遂匠納車于階閒此經不辨納車時節故鄭明之

降奠當前束下遷祖之奠也當前束猶當尸腢也亦在柩車西束有前後也

疏降奠當前束○注下遷至後也○釋曰束卒乃云降奠則未束以前其奠使人執之待束訖乃降奠之當束也云當前束猶當尸腢也者下記云即牀而奠當腢彼在尸東此在柩車西當前束猶當尸腢亦當腢故取當腢而言也云束有前後也者以經既言前束

則有後束可知故云有前後也

商祝飾柩一池紐前經後緇齊三采無貝

飾柩爲設牆柳也巾奠乃牆謂此也牆有布帷柳有布荒池者象宮室之承霤以竹爲之狀如小車笭衣以青布一池縣於柳前士不揄絞紐所以聯帷荒前赤後黑因以爲飾左右面各有前後齊居柳之中央若今小車蓋上蕤矣以三采繒爲之上朱中白下蒼著以絮元士以上有貝

疏 商祝至無貝○注飾柩至有貝○釋曰此並飾車之事其柩車即周禮蜃車也四輪迫地其輂亦一狀如長牀兩畔豎軨子以帷繞之上以荒一池縣於前面荒之爪端荒上於中央加齊云飾柩爲設牆柳也者即加帷荒是也云巾奠乃牆下記文鄭引之者以此經直云飾柩不言設牆時節故記人辨之以巾覆奠乃牆謂此飾柩者也云牆有布帷柳有布荒者案喪大記云飾棺君龍帷黼荒大夫畫帷畫荒士布帷布荒鄭注云布帷布荒者白布也君大夫加文章焉此注牆柳別案喪大記注又云在旁曰帷在上曰荒皆所以衣柳也則帷荒揔名爲柳者案縫人云衣翣柳之材鄭注必先纒衣其木乃以張飾也柳之言聚諸飾之所聚若然對○則帷爲牆象宮室有牆壁荒爲柳以其荒有黼黻及齊三采諸色所聚故得柳名揔而言之皆得爲牆巾奠

乃牆及檀弓云周人牆置翣皆牆中兼有柳縫人衣翣柳之材柳中兼牆矣鄭注喪大記云荒蒙也取蒙覆之義云池者象宮室之承霤以竹爲之者生人宮室以木爲承霤仰之以承霤水死者無水可承故用竹而覆之直取象平生有而已云狀如小車笭衣以青布者此鄭依漢禮而言云一池縣於柳前者案喪大記君三池大夫二池士一池君三池三面而有大夫二池縣於兩相士一池縣於柳前面而已云士不揄絞者案雜記云大夫不揄絞屬於池下揄者依爾雅釋鳥云江淮而南青質五采皆備成章曰鷂絞者蒼黃之色則人君於蒼黃色繒上又畫鷂雉之形縣於池下大夫則闕之故云大夫則不揄絞屬於池下池下揄絞一名振容故喪大記云大夫不振容振容者車行振動以爲容儀但大夫不振容池下仍有銅魚縣之士不但不揄絞又無銅魚故喪大記大夫有魚躍拂池士則無鄭注云士則去魚云左右面各有前後者柩車左右以有帷分兩相各爲前後故云前輕後緇云齊居柳之中央者雖無正文以其言齊若人之齊亦居身之中央也云若今小車蓋上蕤矣者漢時小車蓋上有蕤在蓋之中央故舉以爲說云以三采繒爲之上朱中白下蒼者案聘禮記云三采朱白蒼彼據繅藉用三采先朱次白下蒼此爲齊用三采亦當然故取以爲義也云著以絮者既云齊當人

所覩見故知以絜著之使高知元士以上有貝右案喪大記云君齊五采五貝大夫齊三采三貝士齊三采一貝鄭注云齊象車蓋蕤縫合雜采爲之形如爪分然綴貝落其上及旁見彼士爲天子元士元士已上皆有貝也此諸侯之士故云無貝也

設披

披輅柳棺上貫結於戴人居旁牽之以備傾虧喪大記曰士戴前纁後緇二披用纁今文披皆爲藩

疏 設披○注披輅至爲藩○釋曰云披輅柳棺上貫結於戴者案喪大記注云戴之言值也所以連繫棺束與柳材使相值因而結前後披也此注云披柳棺上貫結於戴以此而言則戴兩頭皆結于柳材又以披在棺上輅過然後貫穿戴之連繫棺束者乃結于戴餘披出之於外使人持之一畔有二爲前後披故下記云執披者旁四人注云前後左右各二人是也人君則三披各三人持之備傾虧也引喪大記者證披連戴而施之也云二披用纁者與戴所用異大夫與人君則戴與披用物同故喪大記云君纁戴六纁披六大夫戴前纁後玄披亦如之是其用物同也云今文披皆爲藩者言皆者此文披及下文商祝御柩執披并下記執披者三字皆爲藩今不從之也

屬引

屬猶著也引所以引柩車在軸輴曰紼古者人引柩春秋傳曰坐引而哭之三

疏 屬引○注屬猶至之三○釋曰引謂紼繩屬著

於柩車云在軸輴曰綍者士朝廟時用軸大夫已上用輴故幷言之言綍見繩體言引見用力故鄭注周禮亦云在車曰綍行道曰引云古者人引柩者雜記乘人專道而行又云諸侯五百大夫三百皆是引人也言古者人引對漢以來不使人引也引春秋者案定公九年左氏傳云齊侯伐晉夷儀敝無存死之齊侯與之犀軒而先歸之坐引者以師哭之親推之三注云坐而飲食之此鄭畧引之云坐引者亦謂飲食之而哭之亦以師哭之三者亦謂公親推之三也引之者證古者人引也

陳明器於乘車之西

明器藏器也檀弓曰其曰明器神明之也言神明者異於生器竹不成用瓦不成味木不成斲琴瑟張而不平竽笙備而不和有鍾磬而無簨虡陳器於乘車之西則重北也

疏 陳明至之西○注明器至北也○釋曰云明器藏器也者自筲以下皆是藏器故下云器西南上綪又云茵注以云茵在抗木上陳器次而北也則自包筲以下揔曰藏器以其俱入壙也引檀弓者案彼注成猶善也竹不可善用謂邊無縢味當作沬沬靧也又云琴瑟張而不平竽笙備而不和注云無宮商之調又云有鍾磬而無簨虡注云不縣之也橫曰簨植曰虡云陳器乘車之西則重北者無正文上薦車云直東榮繼廟屋而言上注云中庭不得云近北明車近不在

重今東陳於乘車之西明重北可知**折橫覆之**折猶庪也方鑿連木爲之蓋如牀而縮者三橫者五無簣窆之事畢加之壙上以承抗席橫陳之者爲苞筲以下綪於其北便也覆之見善面也【疏】折橫覆之○注折猶至面也○釋曰云折橫覆之者鄭云蓋如牀則加於壙上時南北長東西短今經云橫明知其長者東西陳之言覆者謂善面則折加於壙時擬鄉上看之爲面故善者鄉下今陳之取鄉下看之故反覆善面鄉上也云折猶庪也者以其窆畢加之於壙上所以承抗席若庪藏物然故云折猶庪也云方鑿連木爲之蓋如牀而縮者三橫者五無簣者此無正文以經云橫覆之明有縱對之既爲縱橫即知有長短廣狹以承抗席故爲如牀解之又知縮者三橫者五亦約茵與抗木但於壙口承抗席宜大於茵與抗木故知縮三橫五也知無簣者以其縮三橫五以當簣處故無簣也知窆事畢加之壙上以承抗席者下葬時窆事畢云加折卻之加抗席覆之是折窆事畢加之壙上承抗席者也云橫陳之者爲苞筲以下綪于其北便也者鄭解折不縮者南北順陳而橫陳之意爲折橫陳則東西廣是以苞筲陳之於北便也**抗木橫三縮二**抗禦也所以禦止上者其橫與縮各足掩壙【疏】抗木橫三縮二○注抗禦至掩

壙○釋曰云所以禦止土者以其在抗席之上故知以禦土也其横與縮各足掩者以其壙口大小雖無文但明器之等皆由羨道入諸侯已上又有輴車亦由羨道入壙壙口唯以下棺則壙口大小容棺而已今抗木亦足掩壙口也

加抗席三 席所以禦塵

疏 加抗席三○注席所以禦塵○釋曰既陳抗木於折北又加此抗席三領於抗木之上知抗木不在折上者以抗木直言横三縮二不言加明別陳於折北抗木之下而此云加加於抗木之上可知抗席之下而云加茵明又加於抗席之上此三者以後陳者先用故先陳抗木於下次陳抗席而後陳茵先用取後陳於上者便故也是以下文及葬時茵先入壙窆事訖加折壙上則先用抗席後用抗木是其次也若然折於抗席前用而不加於抗席之上者以長大故別陳於南用之仍在茵後其茵用之在明器前入而陳之於明器上者以其同葬具故與抗木同陳於上也但抗席茵相重陳者以其入壙時相當又皆是縱横重累之物故重加陳之也云席所以禦塵者上云抗木所以禦土此抗席云禦塵者以此二者但壙口以承土承塵但抗木在上故云禦土抗席在下隔抗木慮有塵鄉下故云禦塵是以釋之有異也

加茵用疏布緇翦有幅亦縮二

横三茵所以藉棺者翦淺也幅緣之亦者亦抗木也及其用之木三在上茵二在下象天三合地二人藏其中焉今文翦作淺

〔疏〕加茵至横三○注茵所至作淺○釋曰云加茵用者謂以茵加於抗席之上此說陳器之時云用疏布者謂用大功疏麤之布云緇翦者緇則七入黑汁爲緇翦淺也謂染爲淺緇之色言有幅者一条下記云茵著用荼實綏澤焉此鄭注云有幅緣之者則用一幅布爲之縫合兩邊幅爲袋不去邊幅用之以盛著也故云有幅也云茵所以藉棺者下葬時茵先屬引乃窆則茵與棺爲藉故先入在棺之下也鄭云幅緣之者蓋縫合既訖乃更以物緣此兩邊幅縫合之處使之牢固不坼壞因爲飾也云亦者亦抗木也者抗木云縮二横三此亦縮二横三故知亦者亦抗木也云及其用之木三在上茵二在下者上抗木先云横三後云縮二此茵先云縮二後云横三並據此陳列之時鄭據入壙而言故云其用之也木三在上茵二在下各舉一邊而言其實皆有二三云象天三合地二者渾天言之則地之上下內外周帀皆有天若然云木二則在下及其用之則茵三在下茵二在上以此而言木與茵皆有天三合地二也云人藏其中焉者亦謂渾天而言上下俱有天地人尸柩藏其中故說卦云參天兩地又云立天之道立地之道立人之道爲三材也

器

西南上綪器目言之也陳明器以西行南端為上綪屈也不容則屈而反之【疏】器西南上綪○注器目至反之○釋曰云器目言之也者器與下為目即下文苞以下是也

茵茵在抗木上陳器次而北也【疏】茵○注茵在至北也○釋曰茵非明器而言之者陳器從此茵鄉北為次第故言之故鄭云茵在抗木上陳器次而北是也

苞二所以裹奠羊豕之肉【疏】苞二○注所以至之肉○釋曰下文既設遣奠而云苞牲取下體故知苞二所以裹奠羊豕之肉也

筲三黍稷麥筲畚種類也其容蓋與簋同一觳也【疏】筲三黍稷麥○注筲畚至觳也○釋曰案下記云菅筲三則筲以菅草為之筲三各盛一種黍稷麥也云筲畚種類也者舊說云畚器所以盛種此筲與畚盛種同類故舉以為況也云其容蓋與簋同一觳也者案考工記旊人為簋實一觳又云豆實三而成觳案昭三年晏子云四升曰豆豆實三而成觳則觳受斗二升此筲與簋同盛黍稷知受一觳斗二升約同之無正文故云蓋以疑之也

甕三醯醢屑冪用疏布甕瓦器其容亦蓋一觳屑薑桂之屑也由則曰屑桂與薑冪覆也今文冪皆作密【疏】甕三至疏布○注甕瓦至作密○釋曰云

甕瓦器者以甕與甒等字從缶瓦故知是瓦器云其容亦蓋一轂者聘禮記致饔餼云甕斗二升則此甕約同之故云蓋以疑之也知屑是薑桂者以其與內則屑桂與薑同云屑故引內則爲證也

甒二醴酒冪用功布甒亦瓦器也古文甒皆作廡

疏甒二至功布○注甒亦至作廡○釋曰謂二者所盛須繼甕三而陳之言亦瓦器亦上甕三也

皆木桁久之桁所以庋苞屑甕甒也久當爲灸灸謂以蓋案塞其口毋器異桁

疏皆木桁久之○注桁所至異桁○釋曰云皆木桁久之者則自苞屑以下皆塞之置於木桁也若然旣皆久塞而甕甒獨云冪者以其苞筲之等燥物宜苞塞之而無冪甕甒濕物非直久塞其口又加冪覆之云久當爲灸灸謂以蓋案塞其口者此亦如上設重鬲亦與之同故讀從灸也云毋器異桁者以其言皆木桁故知毋器別桁也

用器弓矢耒耜兩敦兩杅槃匜匜實于槃中南流此皆常用之器也杅盛湯漿槃匜盥器也流匜口也今文杅爲桙

疏用器至南流○注此皆至爲桙○釋曰謂常用之器弓矢兵器耒耜農器敦杅食器槃匜洗浴之器皆象生時而藏之也

無祭器士禮

器也大夫以上兼用鬼器人器也【疏】無祭器○注士禮至器也○釋曰知大夫以上兼用鬼器人器也者案禮弓云宋襄公葬其夫人醯醢百甕曾子曰既曰明器矣而又實之注云言名之爲明器而與祭器皆實之是亂鬼器與人器以此而言則明器鬼器也祭器人器也士禮略無祭器空有明器而實之大夫以上尊者備故兩有若兩有則實祭器不實明器宋襄公既兩有而升實之故曾子非之

有燕樂器可也與賓客燕飲用樂之器也

【疏】有燕樂器可也○注與賓至器也○釋曰言可者許其得用故云可也云與賓客燕飲用樂之器也者則升歌有琴瑟庭中有特縣縣磬也

役器甲冑干笮此皆師役之器甲鎧冑兜鍪干楯笮矢箙

【疏】役器甲冑干笮○注此皆至矢箙○釋曰此役器中有干笮無弓矢示不用故不具上用器是常用之器故具陳之也云甲鎧冑兜鍪者古者用皮故名甲冑後代用金故名鎧兜鍪隨世爲名故也但上下役用之器皆麤沽爲之故下記云弓矢之新沽功注云設之宜新沽示不用弓矢云沽餘雖不言皆沽可知也但此笮是送死之具下記云薦乘車鹿淺幦干笮革靾者是魂車所載象生者與此別也

燕器杖笠翣燕居安體之器也笠竹簦蓋也

翣燕器杖笠翣○注燕居至翣扇○釋曰云燕居安體
扇疏之器也者以杖者所以扶身笠者所以禦暑翣者所
以招涼而在燕居用之故云燕居安體之器也
云笠竹簅蓋也者簅竹青之皮以竹青皮爲之徹奠巾
席俟于西方主人要節而踊巾席俟於西方祖奠將用焉要節者來象
升丈夫踊去象降婦人踊徹者由明器北西面既徹由重南
東不設於序西南者非宿奠也宿奠必設者爲神馮依之久
也疏徹奠至而踊○注巾席至久也○釋曰自此盡人復
位論還車爲祖奠之事此欲還祖奠者爲將還遷車
奠設祖奠云巾席俟於西方祖奠將用焉者以下經云祖還
車還車訖布席設祖奠則布此巾席也故巾席俟祖奠在西
方也云節者來象升丈夫踊去象降婦人踊者案上篇徹小
斂大斂奠時皆升自阼階丈夫踊降自西階婦人踊今奠在
庭無升降之事直有來往經云云要節而踊明來象升丈夫踊
去象降婦人踊但此經直云主人要節知有婦人亦踊者以
下經設祖奠時云徹者入丈夫踊設于西北婦人踊注云猶
阼階升時也徹設於柩車西北亦猶序西南是男子婦人竝
有踊文則知此要節踊內亦兼婦人也云徹者由明器北西
面既徹由重南東者凡奠於堂室者皆升自阼階降自西階

奠於庭者亦由重北東方來陳由重北而西徹訖由重南而東象升自阼階降自西階也但設奠於柩車西而東面則徹者由奠東而西面徹之也云不設于序西南者非宿奠也者以其大斂小斂奠及夕奠乃皆經宿故皆設之于序西南爲神馮依此遷祖奠旦始設之今日側徹之未經宿即徹故不設于序西南也

祖爲將祖變疏祖○注爲將祖變○釋曰下經商祝御柩乃祖是將祖故此主人祖祖即變也

商祝御柩亦執功布居前爲還柩車爲節疏商祝御柩○注亦執至爲節○釋曰云商祝御柩者謂居柩車之前却行詔傾虧使執披人知其節度云亦執功布者下經商祝執功布以御柩執披故此亦如之故執布

乃祖還柩鄉外爲行始疏乃祖○注還柩至行始○釋曰商祝既執功布爲御乃還柩車使轅鄉外也祖者始也爲行始去載處而已也

踊襲少南當前束主人也柩還則當前東南疏踊襲至前束○注主人至東南○釋曰前祖爲祖變今既祖訖故踊而襲云主人也者前祖是主人則此襲亦主人也經云少南鄭云則當前東南者以其車未還之時當前東近北今還車亦當前東少南

婦人降即位于階間爲柩將去有時也位

東上疏婦人至階間○注爲柩至東上○釋曰婦人降者以柩還鄉外階間空故婦人從堂上降在階間云爲柩將去有時者去有時即明旦遣而行之是時也今此爲行始也云位東上者以堂上時婦人在阼階西面統於堂下男子今柩車南遷男子亦在車東故婦人降亦東上統于男子也婦人不鄉車西者以車西有祖奠故辟之在車後

祖還車不還器祖有行漸車亦宜鄉外也器之陳自已南上疏祖還車不還器○注祖有至南上○釋曰祖還車者爲載時鄉北今爲行始故須還鄉南故鄭云祖有行漸車亦宜鄉外也不還器者鄭云器之陳自已南上南上者即上文茵下注云茵在抗木上陳器次而北是也

祝取銘置于茵重不藏故於此移銘加於茵上疏祝取銘置于茵○注重不至茵上○釋曰初死爲銘置于重啓殯祝取銘置于重祖廟又置于重今將行置于茵者重不藏擬埋于廟門左茵是入壙之物銘亦入壙之物故置于茵也是以鄭云重不藏故於此移銘加於茵上也士無廞旌唯有乘車所建攝盛之旃幷此銘旌而已大夫以上有廞旌通此二旌則皆備三旌也

二人還重左還重與車馬還相反由便也疏二人還重左還○注重與至便也○釋曰云重

與車馬還相反由便也者以車馬至中庭之東以右還鄉門爲便重在門內面鄉北人在其南以左還鄉門爲便是以二者雖相反各由其便

布席乃奠如初主人要節而踊車已祖可以爲之奠也是之謂祖奠

疏布席至而踊○注車已至祖奠○釋曰云主人要節而踊者祖奠既與還祖奠同車西又皆從車而來則此要節而踊一與還祖奠同云車已祖可以爲之奠也者奠本爲柩設其柩未安不得設奠今車已還名之爲祖尸柩已定可以爲奠也云是之謂祖奠者下記云祝饌祖奠于主人之南是謂彼祖奠

薦馬如初柩動車還宜新之也

疏薦馬如初○注柩動至之也○釋曰上已薦馬今又薦馬者以柩車動而鄉南爲行始宜新之故薦馬如初也

賓出主人送有司請葬期亦因在外位時

疏賓出至葬期○注亦因在外位時○釋曰云亦因在外位時者亦上啓期祖期事畢在外位故此亦因事畢出在外位時請葬期也

入復位主人也自死至於殯自啓至於葬主人及兄弟恒在內位

疏入復位○注主人至內位○釋曰云主人者以其送賓據主人入今送賓訖入復位明主人也云自死至於殯自啓至於葬主人及

兄弟常在內位者自死至於殯在內位在殯宮中自啓至於葬在內位據在祖廟中處雖不同在內不異故惣言之云在內位者始死未小斂已前位在尸東小斂後位在阼階下若自啓之後在廟位亦在阼階下也

儀禮疏卷第三十八

大清嘉慶廿五年
用文選樓藏本校

江西督糧道王賡言廣豐縣知縣阿應鱗栞

儀禮注疏卷三十八挍勘記　阮元撰盧宣旬摘錄

既夕禮第十三 夕下唐石經徐本釋文楊敖俱有禮字集釋毛本無案既夕摘取篇首二字爲題與有司徹同例似不必有禮字舊本俱有惟單疏標題獨無明刻注疏因之

大戴第十五 毛本作大戴第五刪○案大戴第十五乃公食大夫此當作第五也刪字似後人校語誤入正文○按卷一疏云大戴既夕爲第五

乃記葬時而揔記之 通解要義同毛本記作計

開殯卽遷於祖 陳本通解要義同毛本卽作既

既夕哭

鄭卻復外位請 者通解要義同毛本請作時

請啓期告于賓

明旦須啓殯 陳閩監本要義同毛本旦作日

夷牀饌于階間 夷唐石經徐本通典要義楊敖俱作夷釋文集釋通解毛本俱作侇陸氏曰侇音夷本亦作夷○按今本經文及注疏夷侇錯出

朝正柩用此牀 釋文無正字通典有與疏合

二燭俟于殯門外

燭用烝 徐本同毛本烝作蒸張氏曰注曰燭用蒸案釋文云烝之承反薪也從釋文案今本釋文亦作烝又嚴本與徐本同而張氏所引作蒸亦不可解○按說文云蒸或省火作烝

案周禮甸師氏云 要義無氏字○按要義是也

主者執燭抱燋 毛本執誤作報

丈夫髽

啓後主人著兒可知 通解要義同毛本無著字

婦人不哭

此不象如初者 徐本同毛本象作蒙集釋通解楊敖俱作蒙張氏曰疏作蒙從疏

商祝免祖

爲有所拂扐也 毛本扐作仂徐本聶氏集釋敖氏俱作扐與此本述注合釋文亦作扐云拂扐本又作仂佛上芳味反下芳丈反楊氏拂仂作彷佛通典仂作柩通解與毛本同金曰追云釋文正作拂扐注云本又作佛仂今上字既作拂則下字自當作扐且疏云猶言拂拭亦於佛仂義遠案楊氏作彷佛義或與此異○按釋文注仂佛二字金引作佛仂未知何據疏別見後

爲有所拂扐也者 聶氏要義同毛本通解扐作仂下同

不云舊說 毛本通解無此句

燭入

則一燭於室中炤徹 通解楊敖同毛本於作入

祝降

燭既入室 要義同毛本通解室下有時字

即下云亞先與從者是也 與從下要義有燭從二字○按有則與下文合要義是也

此銘及下陳明器云 毛本明誤作銘

二者皆名 毛本二誤作已名作銘

商祝拂柩用功布

幠覆之 徐本通典集釋通解要義楊敖同毛本無幠字

雖不言用夷衾 陳閩俱無雖字

遷于祖用軸

蓋象平生將出必辭尊者毛本集釋生下有將字徐本楊氏俱無與疏合

穿程前後徐葛通典通解楊氏同毛本聶氏集釋俱作桯案疏內桯字單疏及識誤所引俱與毛本同

著金而關軹焉關通典作闕軹徐本集釋俱作軹通典與毛本聶氏通解楊氏俱作軸張氏曰疏軹作軸監本亦作軸從疏及監本○按敖氏於士喪禮載此注亦作軹

亦升輁軸於階上亦陳閩俱作以

夷牀輁軸饌于西階東要義同毛本無饌字○按下記有饌字

云周朝而遂葬者陳閩通解要義同毛本遂作隨非也

云軸輁軸也者下軸字陳本無閩本擠入

漢時名轉軸為轉轔毛本時作法案玉海引作漢時下誤

主人從升○衆人東即位　人上唐石經有主字敖氏曰東即位者乃衆主人也脫一主字耳以記攷之可見顧炎武曰當依石經盧文弨曰疏疊注亦無主字下云自衆主人以下云以下則不專指衆主人

主人柩東西面

故待正柩訖　毛本待誤作特

席升設于柩西

席設于柩之西　毛本席誤作序

云從奠設如初東面也者　此句下如初二字毛本通解無要義有

據神東面　毛本神作室中通解要義俱作神楊氏作神位陳本無室字閩本室字擠入

主人踊無算

乃得東面　面閩葛通解俱作也案疏云乃由柩足鄉柩東正釋注東字之義又云主人降拜賓婦人乃得

東也據此則注面字當依通解作也爲是

襲者從殯宮中拜賓　要義同毛本者下有主人二字中下有降字通解有主人二字無襲者二字

乃得東面者　面通解作也

祝及執事舉奠　毛本祝誤作祈

相隨同西面也　毛本通解同作向

薦車直東榮

君車將駕　要義同毛本通解君作若案若字非也

質明滅燭

今至正明　陳閩通解同毛本今作令

徹者升自阼階

未啓殯前夕時一設 要義同毛本無未字

乃奠如初

亦於柩西當階之上 陳閩通解要義同毛本於作爲

及朝夕奠 通解要義同毛本無夕字

薦馬纓三就

其著之如罽然 著通典作飾

王之革路條纓 徐本通典集釋通解楊敖俱作條纓與疏合毛本作絲條

注云兩馬士制也 通解要義同毛本無注云兩馬四字案毛本非也

故云蓋以疑之 通解同毛本疑作疏○案疑是也

云其若之如厲然者 通解同毛本無其字○案其字當有

至葦路木路不用厲 毛本通解楊氏至俱作王

車馬相將之物 通解同毛本相將作將祖

有司請祖期

何須請期 要義同毛本期作啓

皆因出在外請之 毛本通解外下有位字

顯父餞之 通解同毛本餞作薦○按餞是也

曰日側

側昳也 案段玉裁云當作側讀爲昃昃跌也漢人用跌不用昳

謂將過中之時 敖氏無將字似與疏合過陳本誤作滿

主人入袒　袒石經補缺誤作祖

乃舉柩卻下而載之　徐本通典集釋楊敖俱有乃字與疏合通解毛本無

降奠當前束

下遷祖之奠也　祖通典作柩

此在柩車西當前　毛本通解前作束

故取當腢而言也　毛本無當腢二字

商祝飾柩

衣以青布　毛本布誤作巾

其輁亦一狀如長牀　要義同毛本無一字陳閩俱作刪字案刪字亦後人校語誤入正文

縣於前面荒之爪端　要義同毛本爪作瓜

荒上於中央加齊要義楊氏同毛本無於字陳本有於無中

謂此飾樞者也謂監本誤作於此各本誤比

若然對要義同毛本通解對下有而言之三字

象宮室之承霤陳本通解要義同毛本象作兼

縣於柳前面而已陳閩俱無前字

云士不褕絞者褕要義作褕下竝同毛本通解竝作揄○按褕正字揄假借字

絞者倉黃之色通解要義同毛本無絞字○按絞字當有

則入君於倉黃色縉上毛本縉誤作縉下同

故云大夫則不褕絞屬於池下池下毛本池下二字不重出此本要義俱重出是也

若人之齊　齊楊氏作臍案封禪書天主祠天齊索隱曰言如天之腹齊也齊齋古蓋通用

上朱中白下倉者　倉要義俱作倉毛本作蒼通解載下朱白蒼句亦作倉案各本注俱作蒼

見彼士爲天子元士　要義同毛本見作是

設披

披輅柳棺上貫結於戴　輅通典集釋俱作絡案輅絡古字通

以備傾虧　徐陳通典集釋通解楊敖俱有虧字與疏合毛本無

屬引

坐引而哭之三　引下通典有者字案者字似不可省疏亦似有者字

釋曰　毛本曰下有云引所以引柩車者八字通解要義俱無

屬著於柩車　陳閩俱無著字

亦謂飲食之而哭之通解食下無之字要義無而字此句下毛本無亦以師哭之五字通解要義有

陳明器於乘車之西

有鐘磬而無筍虡筍集釋作簨虡毛本作簴下同徐本集釋俱作虡與此本疏文合案說文虡字在虍部不从竹

則重之北也徐本通典集釋通解俱無之字與此本述注合楊氏有

自筲以下自字下要義有包字

謂籩無縢毛本籩作邊金曰追邊改籩

折橫覆之

言覆者謂善面毛本通解者謂作之見

故善者鄉下　下陳閩俱作人

亦約茵與抗木　陳閩通解同毛本與作爲

抗木橫三縮二

其橫與縮各足掩者　要義同毛本通解掩下有壙字

加抗席三

以承土承塵　毛本作以上承塵

加茵用疏布

縫合兩邊幅爲帒　通解要義同毛本帒作袋

下葬時茵先　要義同毛本通解先下有入字

使之牢固不坼壞　坼閩本作拆毛本通解作折

爲三材也 毛本材作才

筲三

則筲以菅草爲之 陳閩通解同毛本菅作管○案菅字是

罋三 罋釋文聶氏俱作甕按疏云罋與甒等字從缶瓦蓋罋字從缶甒字從瓦也聶氏旣作甕遂改疏云甕甒二字皆從瓦○冪用疏布 冪通典作鼏注及下同釋文作冪云本又作鼏

罋斗二升 陳本通解要義同毛本斗作十

皆木桁久之

謂以蓋案塞其口 毛本同通解無案字○按疏有案字

而罋甒獨云冪者以其苞筲之等燥物 者以其陳閩俱誤作覆之云案下文有覆之云三字相連此因彼而誤

用器○兩杅　杅監本誤作杆注同陸氏曰杅音于本又作芋音同

今文杅爲桙　爲要義作作

役器

矢箙　箙楊氏作服陸氏曰箙本又作服○按經傳多假服爲箙

燕器杖笠翣　張氏曰案釋文云篓所甲反扇也此非牆翣之篓故從竹從釋文○按說文有翣無篓翣亦翣扇字也牆翣之翣本取象於扇今本釋文作翣張說恐非

笠竹䈰蓋也　錢大昕曰釋文䈰字無音賈疏釋䈰爲竹青皮則䈰當爲筠字之譌陸所見本亦必作筠筠字禮記屢見故不更加音爾說文無䈰字五經文字亦不收惟集韻始收之蓋此注之譌始於北宋矣○按䈰與筠形聲俱不相近不知何以致誤

徹奠

直有來往　來往毛本作往來此本通解要義俱倒

由重南東者　南東毛本作東南此本通解要義俱倒

由重北而西徹訖　要義重徹字

袒

爲將袒變　徐本通解同集釋要義楊敖毛本袒俱作祖張氏曰疏作袒從疏

商祝御柩

故執布　毛本通解作而執功布

乃袒　袒通解誤作祖

婦人降

卽明旦遣而行之　通解要義同毛本而作奠

今柩車南遷　要義同毛本通解遷作還

布席乃奠如初

又皆從車而來　陳本通解要義同毛本又作入

今車已還　通解同毛本已作既

是謂彼祖奠　陳本要義同毛本彼作之

入復位

云主人者　陳本同毛本人下有也字

以其送賓據主人入　陳本要義同毛本無入字按無入字者是以疏但釋注主人也況疏義方明送賓出在外亦不當遽用入字

儀禮注疏卷三十八挍勘記終

奉新余成教挍

儀禮疏卷第三十九

唐朝散大夫行大學博士弘文館學士臣賈公彥等撰

公賵玄纁束馬兩公國君也賵所以助主人送葬也兩馬士制也春秋傳曰宋景曹卒魯季康子使冉求賵之以馬曰其可以稱旌繁乎

【疏】公賵至馬兩○注公國至繁乎○釋曰自此盡入復位杖論國君賵法之事云公國君也者公及大夫皆有臣臣皆尊其君呼之曰公故左氏傳伯有之臣曰吾公在壑谷今此云公則國君非大夫君也以下云主人釋杖迎于廟門外與喪大記如此迎送者皆據國君也云賵所以助主人送葬也者案兩小傳皆云車馬曰賵施于生及送死者故云助主人送葬者也是以下注云賵奠於死生兩施是也云兩馬士制也者謂士在家常乘之法若出使及征伐則乘駟馬其大夫以上則常乘駟馬故鄭駮異義云天子駕駟尚書康王之誥康王始即位云諸侯皆布乘黃朱詩云駉駉彭彭武王所乘魯頌云六轡耳耳僖公所乘小雅云四牡騑騑大夫所乘是大夫以上駕駟之文也引春秋者左氏傳哀公二十三年春宋景曹卒注云景曹宋元公夫人小邾女季桓子外祖母又云

季康子使冉有弔且送葬曰敝邑有社稷之事使肥與有職競焉是以不得助執紼使求從輿人注云輿衆也又云曰以肥之得備彌甥也注云彌遠也康子父之舅氏故稱彌甥又云有不腆先人之產馬使求薦諸夫人之宰其可以稱旌繁乎注云稱舉也繁馬飾繁纓也引之者證公有賵馬助人之事

擯者出請入告主人釋杖迎于廟門外不哭先入門右北面及衆主人袒尊君命也衆主人自若西面〔疏〕擯者至人袒○注尊君至西面○釋曰云尊君命也者謂釋杖迎入是尊君命也故下文賓賵擯者出告須注云不迎則此經皆是尊君命故鄭無所指歸君命故鄭解經不哭又前文袒襲皆據主人此則衆主人亦袒亦是尊君命云衆主人自若西面者以其主人一人迎賓入門門東而右其餘衆主人不迎賓明自若常位柩東西面可知也

馬入設設於庭在重南〔疏〕馬入設○注設於庭在重南○釋曰以馬是庭實故云設於庭知在重南者以庭實法皆參分庭一在南設之又重北陳明器不得設馬故知在重南也

賓奉幣由馬西當前輅北面致命賓使者幣玄纁

也輅轅縛所以屬引由馬西則亦當前輅之西於是北面致命得鄉柩與奠柩車在階閒少前參分庭之北輅有前後

【疏】賓奉至致命○注賓使至前後○釋曰云賓使者案此使者即士也知者士喪禮君使人弔注使人士也禮使人各以其爵故知是士也云輅轅縛所以屬引者謂以木縛於柩車轅上以屬引於上而挽之故名轅縛也云由馬西則亦當前輅之西者以經直云當前輅不言輅之東西及前後鄭以義言之以其馬在重南當門柩車在階閒少南亦當門賓由馬西北行當前輅致命明在輅西可知云於是北面致命得鄉柩與奠者以賓當輅西經云北面致命明當奠柩之南北面是得鄉柩與奠也云柩車在階閒少前參分庭之北者案下記云遂匠納車于階閒是柩車在階閒也云少前者上經祖還車訖云婦人降即位于階閒明柩車少南是少前也云參分庭之北者以其中庭陳明器不得在中庭故知在參分庭之北謂參分庭在北分之北北解賓致命之處云輅有前後者以經云前輅明有後以對前故知輅有前後也

主人哭拜稽顙成踊賓奠幣于棧左服出棧謂柩車也凡士車制無漆飾左服象授人授其右也服車箱今文棧作輚

【疏】主人至服出○注棧謂至作輚○釋

曰主人哭拜者仍於門右北面以賓致命訖遂哭拜也云成踊者三者三凡九踊云棧謂棧車也凡士車制無漆飾者此棧車即柩車即以其賓由輅西而致命云奠幣於棧者明此棧車柩車即發車四輪迫地無漆飾故言棧也云左服象授人授其右也者案聘禮宰授使者圭時云同面使者在左宰在右而授其右也此車南鄉以東爲左尸在車上以東爲右故授左服容授尸之右也

宰由主人之北舉幣以東柩東主人位以東藏之

【疏】宰由至以東○注柩東至藏之○釋曰云柩東主人位者解經由主人之北以幣在車東主人在車東故宰由主人位北而鄉左服上取幣以東藏之於內也但此時主人仍在門東北面此位雖無主人既有定位故宰由位北而取幣不得履主人之位故由主人之北也

士受馬以出此士謂胥徒之長也有勇力者受馬聘禮曰皮馬相閒可也

【疏】士受馬以出○注此士至可也○釋曰云此士謂胥徒之長也有勇力者受馬不得爲屬士以其受幣者宜尊受馬者宜卑故知受馬是胥徒之長以其受馬故知有勇力者也若然婚禮記云士受皮注云士謂中士下士不爲胥徒者彼主人親受幣明受皮非胥徒是正士也引聘禮者欲見此用皮亦可也

主人

送于外門外拜襲入復位杖〔疏〕主人至位杖○釋曰主人既送賓還入廟門車東復位杖也

賓賵者將命賓卿大夫士也〔疏〕賓賵者將命○注賓卿大夫士也○釋曰自此盡知生者賻論賓及兄弟賵奠之事云賓卿大夫士也者以其上云君下有兄弟則此賓是國中三卿五大夫二十七士可知言將命者身不來遣使者將命告主人

擯者出請入告出告須不迎告曰孤某須〔疏〕注不迎至某須○釋曰案雜記諸侯使卿弔鄰國諸侯主人使擯者告賓云孤某須矣故引之爲義

馬入設賓奉幣擯者先入賓從致命如初初公使者主人拜于位不踊柩車東位也既啓之後與在室同〔疏〕○注柩車至室同○釋曰云既啓之後與在室同者案上篇始死時云庶兄弟襚使人以將命于室主人拜于位此主人亦拜于位俱是不爲賓出故云與在室同至于有君命亦出迎也

賓奠幣如初舉幣受馬如初擯者出請賓出在外請之爲其復有事〔疏〕注賓出至有事

○釋曰云賓出在外請之爲其復有事者以其賓既行明訖出更請之爲其復行事若無事賓報事畢送去也若奠賓致可以奠也疏若奠○注賓致可以奠也○釋曰謂賓不辭此釋所致之物或可堪爲元缺奠於祭祀者也入告出以賓入將命如初士受羊如受馬又請士亦謂胥徒之長又復也疏注士亦至復也○釋曰以其受羊與馬同是畜類故知亦胥徒之類但受羊不須勇力故鄭不言也若賻賻之言補也助也貨財曰賻疏若賻○注賻之至曰賻○釋曰云貨財曰賻者公羊傳文也入告主人出門左西面賓東面將命主人出者賻主施於主人疏注主人至主人○釋曰鄭知施於主人者以下經云知生者賻是施於主人也案春秋文五年春王使榮叔歸含且賵傳譏一人兼二事此賓所以兼事者彼譏一人獨行不與介各行故譏若雜記云上客弔即其介各行含襚賵則不譏則卿大夫士禮一人行數事可也主人拜賓坐委之宰由主人之北東面舉之反位坐委之明主人哀戚

志不在受人物反位反主人之後位〔疏〕注坐委至後位○釋曰鄭知反位反主人之後位者以主人在門東西面而云宰由主人之北鄉賓奠幣之處舉幣明宰位在主人之後故得由主人之北西行是以宰位在主人之後也

若無器則捂受之謂對相授不委地〔疏〕若無至受之○注謂對至委地○釋曰以堂上授有並受法以其在門外若有器盛之則坐委於地若無器則對面相授受故云捂受之捂即遻也對面相逢受也

又請賓告事畢拜送入贈者將命贈送擯者出請

納賓如初如其入告出告須〔疏〕注如其至告須○釋曰謂如上賓賵時擯者出請入告出告須也

賓奠幣如初亦於棧左服

若就器則坐奠于陳就猶善也贈無常唯玩好所有陳明器之陳〔疏〕若就至于陳○注就猶至之陳○釋曰知贈無常者案下記云凡贈幣無常注云賓之贈也玩好曰贈在所有言玩好者謂生時玩好之具與死者相知皆可以贈死者故此經云若就器則坐奠于陳者就器則是玩好之器也云陳明器之陳者以其廟中所陳者唯明器即陳于車之西以外或言薦或言

設無言陳者故指明器而言也凡將禮必請而后拜送雖知事畢猶請君子不必人意〔疏〕凡將至拜送○注雖知至人意○釋曰云君子不必人意者義取孔子云無必無固之言也兄弟賵奠可也兄弟有服親者可且賵且奠許其厚也賵奠於死生兩施〔疏〕兄弟賵奠可也○注兄弟至兩施○釋曰知兄弟有服親者喪服傳云凡小功以下為兄弟既言兄弟明有服親者也知非大功以上者以大功以上有同財之義無致賵奠之法云可且賵且奠許其厚也者若然此所知許其賵不許其奠兄弟許其貳賵兼奠而上經亦賓而有賵有奠有賻三者彼亦不使並行俱見之見三禮之中有則任行其一故揔見之云賵奠於死生兩施者以下經云知死者贈知生者賻注云各主於所知此賵奠不偏言所主明於生死兩施也所知則賵而不奠所知通問相知也降於兄弟奠施於死者為多故不奠〔疏〕所知至不奠○注所知至不奠○釋曰云所知通問相知也者言所知明是朋友通問相知言降於兄弟者許賵不許奠也云奠施於死者為多故不奠者但賵與奠皆生死兩施其奠雖兩施施於死者為多知者以其言奠為死者而行故知元缺一字所知為疏不許行

之也

知死者贈知生者賻各主於所知疏知死至爲賻○注各主於所知○釋曰云各主於所知者以其贈是玩好施於死者故知死者行之賻是補主人不足施於生者故知生者行之是各施於所知也

書賵於方若九若七若五方板也書賵奠賻贈之人名與其物於板每板若九行若七行若五行疏書賵至若五○注方版至五行○釋曰以賓客所致有賻有賵有贈有奠直云書賵者舉首而言但所送有多少故行數不同

書遣於策策簡也遣猶送也謂所當藏物茵以下疏書遣於策○注策簡至以下○釋曰云策簡者編連爲策不編爲簡故春秋左氏傳云南史氏執簡以往上書贈云方此言書遣於策不同者聘禮記云百名以上書於策不及百名書於方以賓客贈物名字少故書於方則盡遣送死者明器之等并贈死者玩好之物名字多故書之於策策書明器之物應在上文而於此言之者遣中并有贈物故在賓客賵賻與賵之下特書也

乃代哭如初棺柩有時將去不忍絕聲也初謂既小斂時疏乃代哭如初○注棺柩至斂時○釋曰案喪大記大夫以上官代哭士無官以親疏代哭云初謂既小斂時者

案喪大記小斂之後乃代哭初死直主人哭不絕聲士二日小斂小斂主人解怠容更代而哭也宵爲燎于門內之右爲哭者爲明〈疏〉宵爲至之右○注爲哭者爲明○釋曰燎大燭必於門內之右門東者奠於柩車西鬼神尚幽闇不須明柩車東有主人階閒有婦人故於門右照之爲明而哭也厥明陳鼎五于門外如初鼎五羊豕魚腊鮮獸各一鼎也士禮特牲三鼎盛葬奠加一等用少牢也如初如大斂奠時〈疏〉厥明至如初○注鼎五至奠時○釋曰自此盡主人要節而踊論葬日之明陳大遣奠於廟門外之事知五鼎是羊豕魚腊鮮獸各一鼎者以下經云羊左胖豕亦如之魚腊鮮獸皆如初與少牢禮同故知也云士禮特牲三鼎者特牲饋食禮陳三鼎故知也云盛葬奠加一等用少牢也者以其常祭用特牲今大遣奠與大夫常祭用少牢同是盛此葬奠故加一等用少牢也云如初如大斂奠時者以其上遷祖奠時云如殯謂如大斂明此云如初亦如大斂在廟門外及東方之饌也雖如大斂鼎數仍不同以其大斂三鼎此則五鼎然大小斂時無黍稷朔月則有黍稷此葬奠又無黍稷者大斂前無黍稷者以其初死至朔月乃有之故鄭注云至此乃有黍稷今葬奠更無黍稷

者以其始死至殯自啓至葬其禮同故無黍稷亦同也凡牢鼎數或多或少不同若用特豚者或一鼎或三鼎若士冠禮醮子及婚禮盥饋幷小斂之奠與朝禰之奠皆一鼎也三鼎者婚禮同牢士喪大斂朔月遷祖及祖奠皆三鼎而以魚腊配之是也其用少牢者或三鼎或五鼎三鼎者則有司徹云陳三鼎如初以其繹祭殺之於正祭故用少牢而鼎三也五鼎者少牢五鼎大夫之常事此葬奠士攝之奠用少牢亦五鼎聘禮致飧衆介皆少牢亦五鼎玉藻諸侯朔月少牢亦五鼎其用大牢者或七或九或十或十二其云七鼎九鼎者公食大夫下大夫大牢鼎七上大夫鼎九是也鼎十與十二者聘禮致飧於賓飪一牢鼎九羞鼎三是十二也又云上介飪一牢鼎七羞鼎三是其十若然案郊特牲云鼎俎奇而籩豆偶以象陰陽鼎有十與十二者以其正鼎與陪鼎各別數則爲奇數也

其實羊左胖反吉祭也言左胖者體不殊骨也

疏其實羊左胖○注反吉至骨也○釋曰云反吉祭也者以其特牲少牢吉祭皆升右胖此云左胖故云反吉祭也云言左胖者體不殊骨也者既言左胖則左邊共爲一段故云體不殊骨雖然下云髀不升則除髀以下膞胳仍升之則與上肩脅脊別升則左胖仍爲三段矣而云體不殊骨據脊脅以上膞胳已下共爲一亦得

為體不殊骨也髀不升周貴肩賤髀古文髀作脾疏髀不升○注周貴肩賤髀○釋曰云髀不升者則膊已上去之取膊胳已下云周貴肩賤髀者案祭統云殷人貴髀周人貴肩故云髀不升

腸五胃五亦盛之也疏腸五胃五○注亦盛之也○釋曰亦盛之者以其不用特牲而用少牢是盛葬奠案少牢用腸三胃三今加至五亦是盛此奠也

離肺離掔疏離肺○注離掔○釋曰此非直升腸胃又升離肺者案少儀云牛羊之肺離而不提心注云提猶絕也刌離之不絕中央少者使易絕以祭耳此為食而舉亦名舉肺也

豕亦如之豚解無腸胃如之如羊左胖髀不升離肺也豚解解之如解豚亦前肩後肫脊脅而已無腸胃者君子不食㶉腴疏豕亦至腸胃○注如之至㶉腴○釋曰云亦如之鄭云如之如羊左胖髀不升離肺也者謂豕與羊同者左胖雖同仍與羊異以其羊則體不殊骨上下共為二段此豕之左胖則為四段矣故別云豚解豚解摠有七段今取左胖仍為四段矣云亦前肩後肫脊脅而已者鄭欲為四段與羊異也云君子不食㶉腴者禮記少儀文彼鄭注云謂犬豕之屬食米穀者也腴有似人穢引之者證不取腸胃之義也

魚腊鮮

獸皆如初鮮新殺者士腊用兔加鮮獸而無膚者豕既豚解畧之〈疏〉魚腊至如初○注鮮新至畧之○釋曰云士腊用兔者謂此腊是其乾者云鮮新殺者二者皆用兔必知士腊用兔者雖無正文案少牢禮大夫腊用麋鄭云大夫用麋士用兔與以無正文故云與以疑之此亦云士腊用兔雖不云與亦同疑可知但十腊宜小故疑用兔也云加鮮獸而無膚者豕既豚解畧之者以葬奠用少牢攝盛則當有膚與少牢同以豕既豚解四段喪事畧則無膚者亦畧之而加鮮獸也

東方之饌四豆脾析蜱醢葵菹嬴醢脾讀爲雞脾肶之脾脾析百葉也蜱蜯也今文嬴爲蝸〈疏〉東方至嬴醢○注脾讀至爲蝸○釋曰陳鼎既訖又陳東方之饌于主人之南前輅之東其豆有四脾析一蜱醢二葵菹三嬴醢四案周禮鄭注醢人云細切爲齏全物若牒爲菹又云齏菹之稱菜肉通又經不云菹者類皆是齏則此經云脾析者即齏也云脾讀爲雞脾肶之脾者鄭讀之欲見此脾雖與脾臂之脾同正謂百葉名爲脾析故讀音從雞脾肶之脾時俗有此語故讀從之也案醢人注云脾析牛百葉也此不云牛者彼天子禮容有牛此用少牢無牛當是羊百葉故不云牛也云蜱蜯也者即蛤也知蜱即

蛤者以周禮醢人云蠯醢注云蠯蛤也此注云蜱蜂也以蜱蠯是一物故知蜱蜂即蠯蛤也

四籩棗糗栗脯糗以豆糗粉餌

疏四籩棗糗栗脯○注糗以豆糗粉餌○釋曰云糗以豆糗粉餌者案籩人云羞籩之實糗餌粉餈鄭云此二物皆粉稻米黍米所爲也合蒸曰餌餅之曰餈糗者擣粉熬大豆爲餌餈之黏著以粉之耳餌言糗餈言粉互相足者此本一物餌言糗謂熬之亦粉之餈言粉擣之亦糗之不言互文而云互相足者凡言互文者是二物各舉一邊而省文故云互文此糗與粉唯一物分爲二文皆語不足故云互相足也又案籩人羞有二籩糗餌及粉餈此經直言糗則舉糗以見餌而無餈故鄭云糗以豆糗粉餌也

醴酒此東方之饌與祖奠同在主人之南當前輅北上巾之

疏醴酒○注此東至巾之○釋曰鄭知義然者案下記云祝饌祖奠于主人之南當前輅北上巾之注云既祖祝乃饌以此言之祝饌祖奠即是還柩鄉外乃饌之于主人之南自還柩車至此饌葬奠柩車未動則此葬奠東方之饌亦饌于主人之南當與前同處故注云與祖奠同在主人之南但祖奠與大斂奠同二豆二籩此葬奠四豆四籩籩豆雖不同而同處耳云北上者蓋兩甒在北次南饌四豆豆南饌四籩也

陳器明器也夜

斂藏〈疏〉陳器○注明器至藏之○釋曰陳饌已訖又陳明
之器也本作夜斂適似寫誤云適斂者以其上朝祖
之日已陳明器此復陳之者由朝祖
至夜斂藏之至此厥明更陳之也**滅燎執燭俠輅**
北面炤徹與葬奠也〈疏〉滅燎至北面○注炤徹與葬奠也○釋
曰昨日朝祖日至夕云宵爲燎于門內
之右至此滅燎既滅二人執燭俠輅北面一人在輅東一人
在輅西輅西者炤。祖奠輅東者炤葬奠之饌故注云炤徹與
葬奠也**賓入者拜之**明自啓至此主人無出禮〈疏〉賓入者拜之○注明自至出禮○釋
曰此時有弔葬之賓主人皆不出迎但在位拜之所以不出
迎者既啓之後既覩尸柩不可離位以迎賓唯有君命乃出
故注云明自啓至此主人無出禮也**徹者入丈夫踊設于西北婦**
人踊猶阼階升時也亦既盥乃入入由重東而主人踊猶其升也自重北西面而徹設於柩車西北亦由序西
南〈疏〉徹者至人踊○注猶阼至西南○釋曰云徹者入者
謂將設葬奠先徹祖奠故云徹者入入謂視與執事
徹祖奠者亦既盥乃入由重東而主人踊至徹訖設柩車西
北則婦人踊也云猶阼階升者謂徹小斂奠者門外盥訖入

升自阼階丈夫踊今徹者亦門外盥訖入由重東主人踊故云猶其升也云自重北西面而徹設於柩車西北亦猶序西南者此徹祖奠設於柩車西北亦猶小斂大斂朔月奠設于序西南也

徹者東 由柩車北東適葬奠之饌

疏 徹者東○注由柩至之饌○釋曰以其徹訖當設葬奠故徹者由柩車北東適葬奠之饌取而設于柩車西也知由柩車北而東者以其徹者設于柩車西北而云徹者東若柩車南不得云徹者東故知在柩車北東行也

鼎入 舉入陳之也陳之蓋於重東北西面北上如初

疏 鼎入○注舉入至如初○釋曰以其徹者既祖當設葬奠故五鼎皆入陳也云陳之也蓋於重東北西面北上如初者以其上篇小斂奠舉鼎入阼階前西面錯大斂奠云舉鼎入西面北上又朔月奠云鼎入皆如初其遷祖奠云陳鼎皆如殯則皆在阼階下西面北上今此但云鼎入不言如初無正文故云蓋以疑之既疑而知在東北西面北上者以其奠祭在室掌設者皆陳鼎於阼階下西面如大小斂故知也

乃奠豆西上綪籩羸醢南北上綪 籩羸醢南辟醴酒也

疏 乃奠至上綪○注籩羸至酒也○釋曰云籩羸醢南辟醴酒也者如上所饌則先饌脾析於西南次北脾醢次

東葵菹次南甒醢陳設要方則四籩。豆。亦。設於脾析巳南結之爲次今不於脾析巳南爲次而發甒醢巳南爲次故知辟醴酒醴酒當設在脾析之南可知也

俎二以成南上不績特鮮獸成猶併也不績者魚在羊東腊在豕東古文特爲俎〔疏〕俎二至鮮獸○注成猶至爲俎○釋曰知俎二以併不績者若績則宜先設羊於西南次北設豕次東設魚次南設腊今於西南設羊次北豕以魚設于羊東設腊于魚北還從南爲始是不績也其鮮獸在北北無偶故云特也是以鄭云不績者魚在羊東腊在豕東也

醴酒在籩西北上統於豆也〔疏〕醴酒至北上○注統於豆也○釋曰云統於豆者豆即脾析也以其云北上上謂二甒醴酒纚豆言北上故云統於豆也

奠者出主人要節而踊亦以往來爲節奠由重北西既奠由重南東〔疏〕奠者至而踊○注亦以至南東○釋曰自上巳來堂下設奠徹奠皆云主人要節而踊注皆云往來爲節此主人要節而踊亦以往來爲節奠來時由重北而西既奠由重南而東此奠饌在輅之東言由重北者亦是由車前明器之北鄉柩車西設之設訖由柩車南而來。者禮之常也

甸人抗重出自

道道左倚之還重不言甸人抗重言之者重既虞將埋之言其官使守視之抗舉也出自道出從門中央也不由闑東西者重不反變於恒出入道左主人位今時有死者鑿木置食其中樹於道側由此

疏甸人至倚之○注還重至由此○釋曰自此盡徹者出踊如初論將葬重及車馬之等以次出之事云道左倚之者當倚於門東北壁云還重不言甸人者上云二人還重不言甸人至此乃言甸人也云重既虞將埋之者雜記文彼注云就所倚處埋之但天子九虞諸侯七虞大夫五虞士三虞未虞以前以重主其神虞所以安神雖未作主初虞其神即安於寢不假重爲神主又士大夫無木主明亦初虞即埋之也云不由闑東西者重不反變於恒出入者恒出入則闑東闑西也云道左主人位者檀弓云重主道注云始死未作主以重主其神也則重主死者故於主人之位埋之也鄭云今時以下者引漢法證重倚道左之事也

薦馬馬出自道車各從其馬駕于門外西面而俟南上南上便其行也行者乘車在前道稾序從

疏薦馬至南上○注南上至序從○釋曰云南上者謂於門外之時南上云便其行也者以其葬於國北在路則南上上者常在前故

云便其行也云行者乘車在前道槀序從者案下記云乘車載旜道車載朝服槀車載蓑笠是序從也徹者入踊如初徹巾苞牲取下體苞者象既饗而歸賓俎者也取下體者脛骨象行又俎實之終始也上苞三个前脛折取臂臑後脛折取骼亦得俎釋三个雜記曰父母而賓客之所以爲哀

【疏】徹者至下體○注苞者至爲哀○釋曰云苞者象既饗而歸賓俎者也案雜記文而言之云取下體者脛骨象行者以父母將行鄉壙故取前脛後脛下體行者以送之故云象行也云又俎實之終始也者此盛葬奠用少牢其載牲體亦當與少牢同案少牢載俎云肩臂臑膊骼在兩端又云肩在上以此言之則肩臂臑在俎上端爲俎實之始膊骼在俎下端爲俎實之終今取此兩端脛骨包以歸父母直取脛骨爲象行又兩端爲俎實之終始也云士包三个者自上之差案檀弓云國君七个遣車七乘大夫五个遣車五乘注云人臣賜車馬者乃得有遣車遣車之差大夫五諸侯七則天子九諸侯不以命數喪數畧也个謂所包遣奠牲體之數也雜記曰遣車視牢具彼注云言車多少各如所包遣奠牲體之數也然則遣車載所包遣奠而藏之者與遣奠天子大牢包九个諸侯亦大牢包七个大夫亦大牢包五个士少牢包

三个大夫以上乃有遣車以此而言士無遣車則所包者不
載于車直持之而已士有一包而云包三个鄭又云个謂所
包遣奠則士一包之中有三个牲體故云前脛折取臂臑後
脛折取骼者若然大夫云遣車五乘包五个則一包之中有
五个五五二十五一大牢而爲二十五體則亦取下體前脛
取臂臑後脛取骼三牲有九體又就九體折分爲二十五个
五包包各五个諸侯亦大牢而包七个天子亦一○大牢又加
以馬牲牲別有三體則十二體就十二體中細分爲八十一
个九包包各九个大夫以上皆不得全體謂若少儀云大牢
則以牛左肩臂臑折九个之類亦爲不全體也云亦得組釋
三个者羊組上注云體不殊骨也其脾又不升則骼別爲一
段在組今前脛折取臂臑其肩仍著胖爲一段後脛折取骼
仍有肫一節在組則羊組仍有兩段在組豕則左胖豚解爲
四段在組今前脛折取臂臑後脛折取骼仍有四段在組若
然羊組有二段豕組有四段相通則二組組有三段在故得
爲組釋三个案特牲組釋三个注云爲改饌於西北隅遺之
則此奠雖不改爲饌西北隅畱之亦爲分禱五祀也引雜記
者案彼云曾子謂或人曰吾子不見大饗乎夫大饗既饗卷
三牲之組歸于賓館父母而賓客之所以爲哀也注云既饗
歸賓組所以厚之也言父母家之主今賓客之是孝子哀親

之去也取此者以證此包牲歸父母亦是賓客父母之事也

不以魚腊非正牲也【疏】不以魚腊○注非正牲也○釋曰云非正牲也者正牲謂上三牲魚腊非正牲故不以魚腊載之故云非正牲

行器目葬行明器在道之次【疏】行器○注目葬至之次○釋曰包牲訖明器當行鄉壙故云行器云目葬行明器者即下云茵包已下是也故云目葬行也

茵苞器序從如其陳之先後【疏】茵包器序從○注如其陳之先後○釋曰此直云序從者序從即上文器西南上茵包已下是也故此亦言茵包以其爲首故也

車從次器【疏】車從○注次器○釋曰上陳明器訖次列車以從明器故云次器也

徹者出踊如初於是廟中當行者唯柩車【疏】徹者出踊如初○注於是至柩車○釋曰徹者謂包牲訖當徹去所釋者出廟門分禱五祀者徹者出時主人踊云於是廟中當行者唯柩車者以其上文明器及車馬鄉壙者皆出唯有柩車在廟未出故云於是廟中當行者唯柩車也

主人之史請讀賵執筭從柩東當前束西面不命毋哭哭者相止也

唯主人主婦哭燭在右南面史北面請旣而與執筭西面於主人之前讀書釋筭燭在右南面照書便也古文筭皆爲筴【疏】主人至南面○注史北至爲筴○釋曰自此盡滅燭出論讀賵讀遣之事經直云史請讀賵鄭知史北面請者以其主人於車東北面所請者請於主人明史北面問之故知史北面也又知在主人之前讀之對面當柩故知在主人之前西鄉柩也請訖乃西面請時及入時書在前筭在後則史西面之時筭在史南西面今燭在史北近史炤書爲便若在左則隔筭不便也讀書釋筭則坐必釋筭者榮其多【疏】讀書釋筭則坐○注必釋至其多○釋曰讀書者立讀之敬也釋筭者坐爲釋之便也云必釋筭者榮其多者以其所賵之物言之亦得今必釋筭顯其數者榮其多故也卒命哭滅燭書與筭執之以逆出卒巳【疏】卒命至逆出○釋曰言逆出則入時長在前出時長在後燭言滅不言出者以其燭巳滅不得言燭出其人亦出可知公史自西方東面命毋哭主人主婦皆不哭讀遣卒命哭滅

燭出 公史君之典禮書者遣者入壙之物君使史來讀之成其得禮之正以終也燭俠輅【疏】公史至燭出○注公史至俠輅○釋曰知公史是君之典禮書者以其言公史故知君史案周禮大史小史皆掌禮則諸侯史亦掌典禮可知云成其得禮之正以終者以其死葬之以禮是死者得禮之終事故以君史讀而成之也知燭俠輅者上陳設葬奠云執燭夾輅北面故知也

商祝執功布以御柩執披 居柩車之前若道有低仰傾虧則以布為抑揚左右之節使引者執披者知之士執披八人今文無以【疏】商祝至執披○注居柩至無以○釋曰自此盡杖乃行論柩車在道發行之事云居執功布者謂執大功之布麤者也云以御柩執披者葬時乘人故有柩車前引柩者及在傍執披者皆御治之故云御柩執披也云柩車之前若道有低仰傾虧則以布為抑揚左右之節者道有低謂下坂時道有仰謂上坂時傾虧謂道之兩邊在車左右轍有高下云以布為抑揚左右之節者道有低則抑下其布使知下坂道有仰則揚舉其布使知上坂云左右者謂道傾虧高下則左右其布使知道之有傾虧也若東轍下則下其布向東西邊執披者持之西轍下則下其布向西東邊執披者持之若然鄭云使引者執披者知之者執披

者知其左右引者知其上下也知士執披八人者案下記云執披者旁四人注云前後左右各二人是士執披者八人也

主人袒乃行踊無筭袒爲行變也乃行謂柩車行也凡從柩者先後左右如遷于祖之序

疏主人至無筭○注袒爲至之序○釋曰云乃行謂柩車行者經云乃行文承主人袒下嫌主人行故云乃柩行謂柩車行以行處據柩爲主柩車行主人行可知故舉柩車行也云凡從柩者先後左右如遷于祖之序者上遷于祖時注云主人從者丈夫由右婦人由左以服之親疏爲先後各從其昭穆男賓在前女賓在後此從柩向壙之序一如遷于祖之序故如之也

出宫踊襲哀次

疏出宫踊襲○注哀次○釋曰云哀次者以經云出宫踊襲以出宫有此踊襲以出宫有此踊者止爲出宫大門外有賓客次舍之處父母生時接賓之所故主人至此感而哀此次是以有踊踊訖即襲襲訖而行也故檀弓云哀次亦如之注云次他日賓客所受大門外舍也孝子至此而哀是也

至于邦門公使宰夫贈玄纁束邦門城門也贈送也

疏至于至纁束○注邦門至送也○釋曰云邦門者案檀弓云葬于北方北首三代之達禮也此邦門者國城北門也贈用

玄纁束帛者即是至壙窆訖主人贈死者用玄纁束帛也以其君物所重故用之送終也主人去杖不哭由左聽命賓由右致命柩車前輅之左右也當時止柩車

疏主人至致命○注柩車至柩車○釋曰此謂宰夫將致命主人乃去杖不哭由柩車前輅之左右若然在廟柩車南鄉左則在東此出國北門柩車鄉北左則在前輅之西也賓由右致命則在柩車之東矣經直云左右鄭必知據前輅左右者以柩車在廟門時賓在柩車右主人在柩車左故知此亦當前輅左右也云當時止柩車者下記云唯君命止柩于堩其餘則否注云不敢留神明此宰夫致命時柩車止也

主人哭拜稽顙賓升實幣于蓋降主人拜送復位杖乃行升柩車之前實其幣於棺蓋之柳中若親受之然復位反柩車後

疏主人至乃行○注升柩至車後○釋曰賓既致公贈命訖主人乃哭拜稽顙賓乃升車實幣于棺之蓋中載以之壙上文在廟所贈之幣皆奠於左服此實于蓋中者彼贈幣生死兩施故奠左服此賻專爲死者故實于蓋中若親授之然云復位反柩車後者上在廟位在柩車東此行道故在柩車後也

儀禮疏卷第三十九

江西督糧道王賡言廣豐縣知縣阿應鱗栞

儀禮注疏卷三十九挍勘記　阮元撰盧宣旬摘錄

公賵元纁束馬兩

故云助主人送葬者也是以下注云陳閩俱作故下注云脫中間十字通解併删故字

擯者出請入告

云衆主人自若西面者人下陳閩俱有不迎賓明四字案毛本亦無此四字陳閩非

馬入設

皆參分庭一在南設之要義同毛本通解參作三

賓奉幣

參分庭之北徐本集釋楊敖同毛本通典通解參俱作三下並同北徐本作此通典集釋通解楊敖俱

作北張氏曰注曰參分庭之此案監杭本此作北從監杭本

柩車在階間少南　陳本通解同毛本柩作輅

上經祖還車訖云　毛本通解云下有少南二字

故知輅有前後也　知陳閩俱作此

主人哭拜

咨授尸之右也　咨陳閩通解俱作客

士受馬以出

有勇力者受馬　有通解作言

擯者出請入告　唐石經徐陳通典集釋通解楊氏同毛本敖氏無出字

馬入設○賓從致命　致通解作將

主人拜于位

與在室同　毛本在誤作左

若奠

或可堪爲奠於祭祀者也　爲下此本空一字毛本祀作祝陳閩通解俱作祀

入告主人出門左

王使榮叔歸含且賵　賵要義作賻○按春秋文五年作賵

若無器則捂受之　捂釋文作梧

謂對相授　授下集釋敖氏俱有受字與疏合案張氏士昏禮引此注無受字

捂卽遻也　要義同毛本遻作逆下同

又請　又鍾本作三金日追謂上已有又請此當作三請爲正

所知

許賵不許賀也　通解要義同毛本賵作贈

故知　此本知下元缺一字陳本知下有多字毛本楊氏知下有於死者爲多五字通解於上更有施字

所知爲疏　閩本無此四字

書賵於方

有賻有賵　聶氏敖氏俱作有賵有賻

書遣於策

故在賓客贈賻與賵之下特書也　毛本通解作贈賻與賵要義與此本同

宵爲燎于門内之右

階閒有婦人　通解同毛本階作皆○案階字是

其實羊左胖

體不殊骨也 徐陳集釋通解楊氏同毛本體作禮

則與上肩脅脊別升 通解要義同毛本與作於

離肺

刲離之 楊氏同毛本刲作挂○按少儀注作刲

不絕中央少者 通解同毛本者作許案者是也

豕亦如之

君子不食溷腴 溷集釋作圂

上下共爲二段 陳本通解同毛本二作一盧文弨云據下疏羊俎有二段則作二爲是

魚腊鮮獸皆如初

豕既豚解略之者　毛本豕誤作鄭

東方之饌

讀爲雞脾肶之脾　肶徐本作肶釋文通典集釋通解俱作膍案說文膍牛百葉也从肉毘聲或从比徐鍇曰周禮謂之脾析借脾字據此則脾肶實一字此注脾肶連文疑有誤說文膍字下注云一曰鳥膍胵疑脾肶當作膍胵徐本作肶或此至聲近相借耶

韲菹之稱菜肉通　毛本菜誤作米

彼天子禮容有牛　毛本容誤作云

云蜱蜂也者　陳閩通解同毛本蜱作脾按蜱是也

醴酒

乃饌之于主人之南　通解同毛本乃作仍

陳器

夜斂藏之　周學健云疏云本作夜斂適似寫誤據此則改適斂爲夜斂反與疏語不符

滅燎

熠徹與葬奠也　熠徐本集釋俱作熠與此本標目合後同毛本通解作照

二八執燭俠輅北面　陳閩通解同毛本二作一

輅西者熠祖奠　通解同毛本楊氏熠下有徹字○按徹字當有此本誤脫

熠徹與葬奠也　毛本葬誤作祖

徹者入

亦由序西南　由閩監葛本通典集釋楊氏俱作猶陳本通解俱作曰案由猶古字通用曰卽由字之誤

亦猶小斂大斂朔月奠　陳閩通解同毛本月作日

徹者東

東適葬奠之饌　毛本適誤作設

故知在柩車北東行也　在閩本作由

鼎入

則皆在阼階下西面北上　通解要義同毛本皆作此閩本上誤作士

既疑而知在東北　要義同毛本通解在下有重字

故知也　通解要義同毛本故下有可字

乃奠

次北脾臨　盧文弨改脾爲蜱是也

則四籩　毛本通解籩下有豆字

宜亦設於脾析已南　宜亦毛本作亦宜此本倒

俎二以成

腊在豕東　徐陳閩葛集釋通解楊敖同毛本腊作蜡監本誤作醋

奠者出

由柩車南而來者　陳本通解同毛本來作東

徹者入踊如初

包以歸父母　包要義俱作包下同毛本作苞

个謂所苞遣奠　个要義作包

天子亦一太牢　通解同毛本無一字按通解是也

就十二體中　毛本十誤作于

則羊俎仍有兩段在俎　通解同毛本在下無俎字

不以魚腊

故云非正牲　毛本牲誤作也

主人之史○柩東當前束西面　毛本東誤作車

論讀賵讀遣之事　要義同毛本賵下無讀字

鄭知史北面請者　史陳閩通解要義俱作史是也毛本作使監本誤作始

明史北面問之　問閩本作同

故知在主人之前西鄉柩也　陳本通解同毛本西作面

卒命哭

不得言燭出　陳本通解同毛本得作待

商祝執功布

葬時乘人通解要義同毛本人作車

出宮踊襲

以出宮有此踊襲襲陳閩俱作音此句下要義毛本無以出宮有此踊者七字

主人去杖不哭

次柩車在廟門時毛本通解次作以

不敢留神明案下記注明作也

主人哭拜稽顙

若親受之然徐陳通解楊氏同通典集釋敖氏毛本受俱作授

實幣于棺之蓋中載以之壙自載字起至下此實於蓋中者中字止凡二十二字

陳閩俱脫

儀禮注疏卷三十九挍勘記終

奉新余成教挍

傳古樓景印